Turistificando um caminho da Amazônia

Dados Internacionais de Catalogação na Publicação (CIP)
(Câmara Brasileira do Livro, SP, Brasil)

Leite, Emanuel Júlio
Turistificando um caminho da Amazônia /Emanuel Júlio Leite. - São Paulo: Ícone, 2001.

Bibliografia.
ISBN 85-274-0641-1

1. Turismo - Oeste do Pará (PA) 2. Turismo - Santarém (PA) I. Título.

01-1376 CDD-338.4791098113

Índices para catálogo sistemático:

1. Turismo: Amazônia 338.4791098113

Emanuel Júlio Leite

Turistificando um caminho da Amazônia

Ícone editora

Capa
Isabel Reis Guimarães

Foto da Capa
Mãe Natureza - Jorge Bassi

Diagramação
Isabel Reis Guimarães

Revisão de Original
Emir Bemerguy

Revisão Final
Antônio Carlos Tosta

ÍCONE EDITORA LTDA.
Rua das Palmeiras, 213 – Sta. Cecília
CEP 01226-010 – São Paulo – SP
Tel./Fax.: (11) 3666-3095

SUMÁRIO

APRESENTAÇÃO

Santarém, no interior do Pará, vai ser uma cidade importante no contexto turístico brasileiro.

Depois dessa afirmativa pode surgir um monte de perguntas: quem garante? Qual a razão de tanto otimismo? O que ela tem de tão interessante? Onde fica essa pérola? Santarém é uma cidade como tantas outras da Amazônia, mas que tem algumas características peculiares. Além do mais, está fincada no coração da Amazônia, entre Belém e Manaus.

A cidade é vocacionada para o turismo. Só que, reconhecidamente, fica longe dos grandes centros. Distante mesmo para quem mora em alguns pontos da Amazônia, onde as distâncias são gigantescas.

O que fazer, então, para que a cidade consiga notoriedade? Age-se ou ficamos todos a esperar que aconteça uma descoberta como que por encanto. Se a opção for pela segunda alternativa, os anos vão passar sem esboçarmos reação. Pode acontecer algo novo agora? Pode, sim. Desde que alguma estratégia seja montada, além dos esforços do poder público, para fazer com que a cidade sobressaia.

Mas a realidade do município é como a de tantos outros do país, que vivem cercados de problemas de ordem financeira. A carência é um fator inibidor, que deve ser levado em consideração. Eis o x da questão. A carência existe, mas ela deve ser desprezada, pois do contrário passaremos o resto da vida esperando por algo que nunca vai chegar.

Quando a estratégia de divulgação foi levada a cabo, no ano de 1995, coloquei em mente que a ousadia deveria ser uma arma poderosa para driblar as dificuldades que as circunstâncias impõem. O produto em questão seria Santarém. O que passaria a ser mostrado teria que representar somente a verdade. Nada de criar uma situação que não existe. Mas um detalhe também deveria ser evidenciado: o valor da cidade. O valor de toda pessoa quem dá é ela mesma. No caso de Santarém, o valor seria dispensado em forma de reportagem mostrando, efetivamente, o que a cidade tem a oferecer.

Não dá para falar em ousadia, em vender bem uma imagem e em valor próprio sem citar o explorador italiano Cristóvão Colombo. O genovês soube como poucos usar a sua inteligência para vender as suas idéias, estar sempre nos momentos certos e com as pessoas certas. Filho de um vendedor de queijos, ao mudar-se para Lisboa, infiltrou-se entre os aristocratas e passou a cultivar boas amizades. Com a ajuda dos amigos, conquistou o direito de ser recebido pelo rei João II. Na ocasião, expôs o seu plano de viajar para o Ocidente a fim de descobrir o caminho mais próximo para a Ásia. Bem articulado, não conseguiu o patrocínio que desejava, mas angariou a simpatia do rei. Estrategicamente, deixou transparecer que era um homem com pensamentos avançados, com idéias de um autêntico conquistador.

Com a sua capacidade de conquistar simpatia, já na Espanha, conseguiu um contato com a rainha Isabel. Fez a mesma proposta que fizera em Portugal. Recebeu um não como resposta, mas foi levado em consideração. A segurança com que falava sobre os seus projetos fazia qualquer um, literalmente, viajar com ele durante a explanação. Não foi diferente com a rainha Isabel, que, cinco anos depois do primeiro contato, cedeu aos pedidos do decidido ex-mercador. A exposição de planos tão ousados encantava os seus interlocutores.

O resto da história quase todos já sabem. Cristóvão Colombo descobriu as Américas, e se tornou num dos homens mais prestigiados e respeitados de seu tempo. Entretanto, o fato interessante é que Colombo, embora protagonista de histórias tão fantásticas como navegador, nunca tinha sido navegador antes de se lançar ao mar. Aliás, de mar não sabia quase nada. Ficou provado que ele não soube determinar a latitude e longitude de suas descobertas. Mas o importante é que ele apostou no seu sonho, pois acreditava que algo de especial estava reservado para a sua vida.

Também penso que algo de especial está reservado para Santarém. Só que Santarém não fala, não se movimenta, não tem como explorar a boa imagem que causa nas pessoas. Colombo se movimentou pela vida no sentido de alcançar os seus objetivos. Como Santarém não tem essa capacidade de movimentação, fazemos nós as vezes de Colombo. O mundo precisa saber que Santarém existe. A maneira que encontrei foi escrevendo.

Num quadro assim formado, somente a ousadia pode fazer a diferença. A idéia é justamente surpreender pelo atrevimento. É acreditar que vai dar certo. É agir como se fosse para, no futuro, ser. É dar valor para o que se tem, pois somente assim as pessoas passam a respeitar. A intenção é despertar a curiosidade das pessoas. Uma cidade na Amazônia, que não as principais capitais, a merecer tanta atenção já é motivo de comentários. A ordem é chamar a atenção mesmo. E daí? Qual o problema? É aquela história: o que você não vê, não conta. Estamos aqui encobertos pela floresta. Então, não nos cabe outra alternativa que não seja atrair as atenções. Um grito há de ecoar do meio da mata.

Para dar prosseguimento a um trabalho como esse é preciso estar apoiado em exemplos bem acabados. Exemplos que destacam a vida de pessoas que souberam se superar em momentos de adversidades. É o caso do inventor do turismo, o inglês Thomas Cook, que mesmo vivendo em uma pequena cidade, teve uma idéia genial. Na condição de pastor batista da cidade de Loughborough, organizou uma viagem de trem entre a sua cidade e Leicester, que fica a 20 quilômetros de distância. O objetivo, além do passeio inusitado, era realizar uma pregação contra o álcool, usando a viagem como forma de distrair e atrair as pessoas. Mais de mil pessoas participaram do evento. O sucesso da estratégia foi a senha para que Cook desse a reviravolta em sua vida. Deixou para trás propostas de uma carreira promissora na igreja, e abriu a primeira agência de viagens do mundo. O passo seguinte foi organizar, com a ajuda de sua mulher, passeios turísticos na Inglaterra, depois entre países europeus e, mais adiante, entre continentes.

Thomas Cook, no momento da concepção da idéia luminosa, estava em pleno exercício do espírito de conquista. Ele acreditou que era possível estimular as pessoas a viajar. Será tão difícil assim chamar a atenção das pessoas para um ponto da Amazônia? E há de se levar em consideração que hoje temos à disposição os avanços tecnológicos, que deixaram o mundo livre das distâncias. A comunicação é rápida, numa situação bem diferente do século passado, quando o desbravadorismo era a principal arma dos empreendedores. Na atualidade, a vida é facilitada em todas as áreas. Então, está mais fácil estimular o espírito de conquista.

A Amazônia por muitos anos se colocou numa condição de passividade. Ou seja, foi objeto da investida de vários povos. Muitos passaram por aqui. Espanhóis, holandeses, ingleses, portugueses, franceses se aventuraram por essas terras, atrás de riquezas. Hoje, por uma questão de sobrevivência, temos que nos preocupar em mudar o sentido da trajetória. Os conquistadores deveremos ser nós. Se a nossa vocação é o turismo, temos que correr atrás do turista, criar condições para que eles venham para cá. Ao invés de reagir, devemos agir. O dinheiro está na mão deles, mas a riqueza é nossa. Sem invasão, como se fazia no passado, vamos empreender uma investida com técnica e criatividade.

Investir em direção a novos mercados significa que temos que turistificar o Brasil, como pregou o articulista da "Veja", Stephen Kanitz (19/1/2000). Turistificar, segundo ele, é trabalhar melhor os recursos existentes em cada cidade, dando valor aos aspectos culturais e naturais. Turistificar é propagar potencialidades, de forma organizada. É por aí mesmo. Normalmente, as cidades não conhecem ou não reconhecem os seus valores. Diz-se comumente que o Brasil não conhece o Brasil.

Turistificar, no caso de Santarém, é buscar informações do passado para tentar tirar proveito no presente. Foi retrocedendo alguns anos que se descobriu a relação com Portugal. Voltando ao passado descobrem-se afinidades com cidades portuguesas que têm o mesmo nome das nossas Santarém e Alter do Chão. A história tem o poder de aproximar. Aproximar, nesse caso, é buscar mercado no outro lado do Atlântico.

Turistificar é descobrir valores que se encontram adormecidos. É revelar para o mundo pontos que nem os nativos conhecem dentro de seu território. É falar sobre nomes que parecem tão próximos, mas que, no fundo, estão muito distantes por falta de reconhecimento da mídia, principalmente. Turistificar é fazer barulho.

É só falando que as pessoas ficam sabendo.

* * * * *

Capítulo 1

A eterna esperança

Desde que eu era garoto ouvia dizer que o dia que descobrissem Santarém a situação mudaria de figura. Não são poucos os elogios de visitantes em relação à cidade. As praias sempre despertam curiosidade e provocam admiração. Tem sido assim há muito tempo. Cresci com esse tipo de comentário. A cidade, nas décadas de 70 e 80, se envolveu no *boom* do comércio do ouro. A empolgação era com a formação de riquezas do dia para a noite. Garimpeiros ditavam a ritmo de vida, fazendo com que o comércio local experimentasse uma saúde que dava a idéia de que ia durar para sempre. Não foi o que aconteceu. Com o advento do Plano Collor, no início dos anos 90, o preço do ouro despencou. Aos poucos a cidade e toda a região Oeste do Pará passou a mergulhar numa grave crise econômica. Foi quando as atenções passaram a se voltar para outras áreas, entre elas a agricultura e o turismo.

O turismo, sem dúvida, foi a grande promessa. Afinal, é do conhecimento de todos, pelo menos dentro do contexto amazônico, o enorme potencial turístico de Santarém. Como a Amazônia é imensa, não é demais dizer que a Amazônia não conhece a Amazônia. É também incorreto dizer que a região conheça as belezas naturais de Santarém. O melhor seria afirmar que parte das pessoas dos estados do Amazonas, Pará e Amapá conhecem ou ouviram falar de algumas preciosidades naturais da Pérola do Tapajós, como a cidade se notabilizou. Ficam, portanto, de fora os estados de Roraima,

Acre, Rondônia e Tocantins, que mesmo fazendo parte da Amazônia brasileira ficam, por incrível que pareça, longe demais. Santarém carecia de divulgação. Aliás, a maioria dos municípios da região norte tem características bem peculiares e que não se encontram em outros lugares do país. Assim como o Brasil busca o seu espaço dentro do contexto turístico mundial, Santarém precisa oportunizar espaços na mídia dentro do contexto da região norte. Era o que eu pensava.

Há de se enfatizar que Santarém, assim como o Brasil, tem um enorme potencial turístico. O desafio é justamente transformá-lo em produto. Assim como o país precisava formar uma imagem, de preferência, positiva, no exterior, Santarém precisa se mostrar fora dos limites do município. A Amazônia para ter que aparecer precisa de muita iniciativa e vontade política dos governantes. Só para se ter uma idéia, o maior problema do Brasil no exterior é a falta de imagem. Isso mesmo, falta de imagem. Na opinião dos operadores intencionais, até o ano de 97, existia um total desconhecimento em relação ao país. Pensava-se que a violência urbana, o extermínio das comunidades indígenas e as queimadas das florestas fossem um fator que inibisse a procura do Brasil como destino turístico. Ledo engano. O que afugentava os turistas era a inexistência de imagem no exterior.

Como não sonhar com o turismo desenvolvido na região analisando o quadro atual? O turismo é um dos setores da economia mundial que mais cresce. A razão de tão acentuada expansão é a elevação da renda da população mundial, o desenvolvimento da indústria aeronáutica, a globalização econômica e cultural, além do tempo livre da sociedade moderna. Somando-se a essas informações deve-se acrescentar que o ecoturismo é o segmento da indústria do turismo que mais cresce no mundo, num ritmo que impressiona até os especialistas: 20% ao ano. Isto significa dizer que, entre os anos de 97 e 2001, estima-se que o movimento do ecoturismo, os investimentos e as receitas dupliquem no planeta. A explosão é ainda maior no Brasil. Segundo dados da Embratur, o ecoturismo movimentou 3 bilhões de dólares no país no ano de 95, num salto fantástico de 36% em relação ao ano anterior. Falar em ecoturismo no Brasil é lembrar da Amazônia. A Amazônia, dizem, é uma das marcas mais famosas dos quatro cantos do mundo. Justamente em função de seus atrativos naturais.

O que fazer, então, a partir da condensação de todas essas informações? Diante do quadro adverso por que passa a economia de toda a região, e, levando em consideração o que essa mesma região pode oferecer para superar as suas dificuldades, foi então que pensei em divulgar Santarém. Era a maneira que tinha encontrado para contribuir com o progresso da cidade onde moro. Pensei que lutar, por exemplo, pelo asfaltamento da BR-163 (Cuiabá/Santarém) iria se transformar num sonho obscurecido pela distância. A batalha se debateria nas várias vontades políticas. O centro das discussões é em Brasília. Enfim, tudo fica longe demais. Quanto a divulgação de Santarém, não. O máximo que eu disporia era de um telefone, um aparelho de fax e, mais recentemente, da Internet. Pronto. Eis as ferramentas necessárias que qualquer pessoa pode ter a seu dispor.

Mas não seria pretensão demais achar que eu poderia fazer algo pela cidade? Na minha cabeça só vinha a idéia da participação. No fundo, queria ser útil. Se a cidade é um lugar, literalmente, abençoado, então o melhor local do mundo para se viver é onde se vive bem. Viver num lugar bom, e que ofereça condições econômicas para ficar seria o ideal. E a verificação era triste. Muitos dos filhos da terra estavam e continuam indo embora por pura falta de oportunidade. O desemprego estava (está) expulsando muita gente, principalmente para as cidades próximas com mais peso econômico, como Belém, Manaus e Macapá. Pelo que se sabe, a maioria deles alimenta a forte intenção de voltar. Mas voltar, como? Para fazer o quê? Houve um tempo, inclusive, que eu ficava pensando quando seria a minha vez de deixar Santarém. Antes que esse tipo de pensamento rondasse o meu cotidiano resolvi reagir. Iria envolver-me, expor as minhas idéias, mostrar o meu inconformismo, provocar discussões. Passei a pensar que escrevendo despertaria interesse para um assunto que, embora pudesse parecer distante, fizesse as pessoas refletirem.

Confesso, entretanto, que na minha planificação inicial tudo o que queria era escrever quatro artigos em um jornal local e fazer sugestão de pauta em uma das duas principais revistas semanais do Brasil. Somente isso.

Como tinha uma viagem a fazer a São Paulo, para tratar de assuntos relacionados à distribuição de revistas, a minha atividade principal na época, iria fazer contato com as revistas "Veja" e a "Isto É". Quis o destino que a "Isto É" fosse a primeira porta a ser batida. Lá, conversei com a editoria Brasil, que gostou da pauta e prometeu mandar uma equipe a Santarém até o final do ano. Com a afirmativa da "Isto É" não cabia mais procurar a redação da "Veja". Antes uma pomba na mão do que duas voando, diz o velho ditado.

O primeiro tiro tinha sido dado com sucesso. A presença da revista "Isto É" estava assegurada. Na volta tinha somente que escrever os quatro artigos. Fomentaria um debate no bom sentido, diria que o turismo deve ser a meta a ser atingida pelas autoridades competentes. Num passo seguinte, me recolheria. Pensava que assim teria provocado discussões na cidade, e contribuído de alguma forma.

Na verdade, as etapas iniciais representavam um longo caminho a ser trilhado. A filosofia na região amazônica é toda ela extrativista. A história teria quer ser mudada para a pregação que ensina que para colher é necessário plantar. A matéria-prima a ser trabalhada estava no terreno das idéias, o que é ainda mais difícil de ser assimilado. A Amazônia, em seus ciclos de esplendor, foi ajudada a prosperar, por períodos determinados, pela força do ouro, da borracha, da juta etc. Plantar a idéia de que o turismo, sendo trabalhado sustentavelmente, demandaria mais esforço. Afinal, a busca pelo imediatismo deveria ser abandonada. A intenção era trabalhar em bases sólidas, a longo prazo.

*****

Capítulo 2

A estratégia inicial

5 de dezembro de 1994. Nesse dia, fiquei emocionado ao ver Santarém como destaque no "Jornal Nacional". O repórter Marcelo Canelas fez uma reportagem sobre Alter do Chão, e na ocasião chamou o lugar de "Caribe da Amazônia". Discorreu sobre os atributos da vila, mostrando ao Brasil um dos pedaços mais distantes, mas que reserva uma beleza ímpar.

Fiquei sabendo que o motivo da viagem do repórter havia sido outro. Se não me engano, a violência dos [illegible] que estava sendo irradiada para a cidade era a pauta principal. Acabada a produção da matéria, a equipe de apoio local levou o repórter até Alter do Chão para que ele conhecesse o lugar. Foi quando o Marcelo Canelas se encantou com a vila balneária. Tanto gostou que fez uma matéria muito boa.

A reportagem marcou o meu subconsciente. Acreditei que, a partir daquele momento, a cidade seria vista com outros olhos. O Brasil passaria a ter contato com as belezas que tanta admiração causam em seus filhos, mas que se limitam a um raio de ação muito pequeno. A televisão, com seu incrível poder de massificação, poderia levar a cidade para muito além dos seus limites. Durante muito tempo fiquei achando o máximo a reportagem da Globo. E daquele momento para frente? Foi quando passei a amadurecer a idéia de me transformar num divulgador da cidade. Preparei-me mentalmente para que os agentes multiplicadores fôssemos nós. Afinal, quando outro Marcelo Canelas da vida voltaria à cidade?

Resolvi colocar o plano em ação no final do ano de 1995. Estava empolgado com a idéia de desafiar a cidade, as autoridades e, acima de tudo, me desafiar. O risco era grande, já que no termo popular eu "ia dar a cara para bater". Não pensei duas vezes. Estava resolvido. Procurei então o jornal "Gazeta de Santarém", que se dispôs a publicar os meus artigos.

Artigo do dia 11 de outubro de 1995.

Queremos Daniela Mercury aqui

Arrepiado. Foi como fiquei ao ver Santarém sendo exibida no esplendor de sua beleza no programa "Terra Brasilis", da TV Bandeirantes, Sábado, 30.

Finalmente, o potencial turístico santareno passa a ser explorado de maneira profissional e competente. Aliás, já era hora. Como podem Belém e Manaus ganhar uma parcela significativa do turismo da região se não possuem as belezas encontradas aqui? Manaus, por exemplo, se sustenta alegremente graças, em grande parte, ao incremento da atividade turística. E nós? Agora, sim, começa-se a sentir que o trabalho vai frutificar. Primeiro, o "Jornal Nacional" batizou Alter do Chão de Caribe da Amazônia. Depois, o "Fantástico" mostrou os Meninos Músicos da Amazônia. O programa "Domingo Dez" (TV Bandeirantes), numa manifestação do grupo Green Peace, também aportou por aqui. Revistas importantes, como "Caminhos da Terra" e "Geográfica Universal", mostraram os nossos atrativos.

"Nossa Amazônia" e "Ver-o-Pará" completaram a exposição. Mas estão faltando mais coisas. Carnaval. Já pensaram nisso? Observem que todo Carnaval de sucesso no Brasil ocorre próximo à praia. Quando o Carnaval de Belém era realizado na avenida Souza Franco, somente os paraenses curtiam. Depois que a vila balneária de Mosqueiro fez o seu Carnaval à beira da praia as televisões do país inteiro passaram a dar destaque. O negócio é improvisar. Belo Horizonte, que nunca teve tradição em Carnaval, e nem fica próximo à praia, fez diferente. Ao invés de fevereiro, fez a sua festa no meio do ano. O sucesso é total.

Carnaval rico é no Rio de Janeiro. Carnaval de participação é em Salvador e Recife. Certo? Certo, em parte. Foi-se o tempo em que essas duas cidades monopolizavam o Carnaval do nordeste. Carnaval de participação tem de ter trio elétrico. No ritmo dos pernambucanos e baianos "embarcam" cearenses, potiguares, maranhenses, alagoanos etc. Enfim, todo mundo. Copiar é a ordem. Só se deve copiar o que dá certo. É verdade também que nos líderes ninguém bate. Mas o fato é que o restante ganhou o seu espaço. Quando digo espaço, quero dizer reais, dólares, pesos... E onde entra Santarém nessa história toda? Simples: precisamos incrementar o nosso Carnaval alternativo. Quando? Em qualquer época que tenha praia. Aliás, as praias são o chamariz. Mês do ano: dezembro.

Qual dezembro? Ora, qual, este dezembro de 1995. Tem que ser agora? Tem que ser para ontem. Nunca se falou tanto em Santarém no circuito nacional. O momento é este. Protelar só diminuirá o ímpeto. O amanhã é o esconderijo da mente preguiçosa. Deixando para amanhã, o amanhã nunca chega. Quem seriam os responsáveis pelo empreendimento? Prefeitura Municipal de Santarém e iniciativa privada é a resposta.

Viabilizando o Carnaval fora de época, chegaria o momento de organizar uma grande festa. Um barulho infernal deveria ser feito. Em matéria de barulho, ninguém mais indicado do que a gloriosa Daniela Mercury. Ou o grupo Chiclete com Banana. Ou os dois. Esses dois são os mais credenciados para colocar com prestígio nacional. Já imaginaram? Por onde Daniela Mercury anda, leva sempre uma cervejaria atrás, além de um monte de celebridades. Atrás das celebridades, vão junto as revistas "Caras", "Contigo", "Amiga" etc. Alter do

Chão ficaria pequena para tanta gente daqui e de fora, que nunca imaginaria participar de uma festa no Caribe. Da Amazônia. Bastaria esse grande evento para que nos próximos o sucesso estivesse assegurado. Sonho? Na vida, tudo é possível. Basta querer.

Artigo do dia 1 de novembro de 1995.

A necessidade vai tirar Santarém do buraco

A situação não pode ficar pior do que está. Impossível. Com as vendas em queda, o comércio local está definhando. Os comerciantes perdem cabelos, sofrem de insônia e o coração ameaça parar. Nunca se vendeu tão pouco, a ponto de deixar os fortes se sentindo fracos. Ou pelo menos trôpegos.

A crise é nacional, muitos podem dizer. É verdade. Só que quando as taxas de juros se reduzirem a níveis aceitáveis, somente as cidades de economia forte retomarão o caminho do crescimento. Onde existe estrutura a crise não atrapalha, incomoda apenas. E nós? Quando a crise passar até chegarem entre nós os ventos da prosperidade, talvez muitos devam ter ficado no meio do caminho. Mortos de sede e fome. E não há exagero nas minhas colocações. Basta observar quantos já fecharam as portas, a quantidade de inadimplentes e possibilidade de engrossar as estatísticas das decretações de falência. Estamos nocauteados em pé!

Existe perspectiva de futuro? Claro. A incrementação do turismo é a nossa maior esperança. O fato do cantor Michael Jackson ter escolhido Santarém para filmar o seu próximo clipe vai nos render divisas importantíssimas. As principais revistas do país estão fazendo matérias sobre este lugar tão distante e esquecido pela mídia nacional. Por isso, tudo leva a crer que existe esperança. Enquanto isso, a economia local passa por um período de sobrevida.

Foi perguntado ao locutor esportivo Luciano do Valle qual o motivo de haver deixado a Rede Globo, no início da década de 80, quando gozava de prestígio e popularidade. Ele respondeu que foi por necessidade. Afinal, tinha três ex-mulheres para sustentar. O que sobrava do seu salário mal dava para as despesas pessoais. Foi, então, que resolveu arriscar, de forma planejada. Formou uma equipe esportiva e se instalou na TV Record. Na seqüência, aportou na TV Bandeirantes, onde hoje mantém uma equipe de gabarito e alto nível. Além do que, Luciano está rico.

As maiores fortunas do mundo foram arquitetadas em momentos de dificuldades. Diz-se que no Japão, depois da Segunda Guerra Mundial, a população comia basicamente arroz e só. Hoje, o Japão é uma das maiores potências do planeta. A necessidade faz com que o cérebro trabalhe com mais avidez. Desde que, é claro, algum desafio deva ser estimulado. Tirar Santarém do buraco é (foi) objetivo de alguém? O representante de uma cidade é o prefeito. Cabe a ele pensar no bem-estar da coletividade. Driblar a crise com inventividade é (seria) tarefa básica. Pelo menos, foi o que fez o prefeito Vicente Ferrer, no interior de Pernambucano. No afã de tirar a sua cidade do anonimato, resolveu criar competições esdrúxulas. A iniciativa foi tão bem bolada (e barata) que virou notícia na imprensa americana. Os comedores de banana apareceram para o Brasil, juntamente com as mulheres mais feias do planeta. A cidade, hoje, recebe turistas de todo o país, quando num passado não muito distante nem mesmo os pernambucanos a conheciam.

Criatividade. Com um pouco de criatividade, Santarém deixa de ser colônia de Belém. Com os recursos naturais encontrados aqui, basta pouco para a riqueza circular pelos nossos rios, igarapés e florestas. Com senso de oportunismo, podemos ser colocados em circuito nacional.

Manaus tem menos beleza que nós, mas está faturando alto com o turismo. Em Belém, para o turista ver alguma coisa inusitada tem que se deslocar mais de 200 quilômetros para conhecer Salinópolis e a ilha do Marajó. Aqui, as belezas estão ao alcance dos visitantes. Tudo perto e facilitado. As praias de Arapiuns, que poucos santarenos conhecem, são as mais distantes, mas que podem ser alcançadas em algumas horas de viagem de barco. Aliás, a viagem é um verdadeiro deslumbre.

Estamos precisando de pessoas que pensem por Santarém. Inclusive, estou convicto de que as soluções somente serão encontradas a partir de iniciativas isoladas. Não adianta esperar por autoridades. O que vale mesmo é o despreendimento de cada um. Ou será possível que somente com a chegada dos forasteiros as idéias começarão a fluir? Aliás, foi o que aconteceu em Foz do Iguaçu. Um americano, inebriado com a beleza das Cataratas do Iguaçu, criou um passeio que revolucionou o turismo local. Ele bolou um passeio de barco até o pé das cataratas. Foi o suficiente para chamar a atenção de turistas do mundo inteiro. Idéias... Hoje, o mundo está sendo conduzido por pessoas cheias de idéias. É a evolução... O prefeito local precisa entender isso.

Artigo do dia 29 de novembro de 1995.

Quando algo não existe, cria-se

Quem já leu um pouco sobre a vida do ator canadense Jim Carrey, um dos mais bem-sucedidos comediantes da nova geração hollywoodiana, espanta-se com os apertos que ele passou até chegar ao sucesso. Dúvidas e desconfianças povoaram os seus pensamentos até que o mundo passou a conhecê-lo. "Batman Forever" e "O Máskara" são alguns de seus filmes famosos no mundo inteiro. No início, nem ele esperava chegar aonde chegou.

"Há uma divindade que protege os nossos objetivos, traçando-os como desejamos", dizia o dramaturgo inglês

William Shakespeare. Há uma que tem força muito grande amparando a todos os que mais desejam, têm vontade. Com certeza, a maioria de nós deve ter ouvido que o sucesso ocorre quando são respeitados três preceitos, ou seja, quando se trabalha muito, quando se acredita sempre e quando nunca voltamos atrás. Cabe a nós, pobres mortais, acreditar em dias melhores e contribuir para uma virada de mesa em nossas vidas. O trabalho, é claro, depende muito das condições que uma comunidade oferece. No garimpo, a palavra fofoca significa que muita gente está concentrada em determinado lugar, e que neste lugar existe ouro. Sem ouro, todos vão embora. Quanto à condição de nunca voltar atrás depende da determinação daqueles que têm espírito de liderança. Cabe ao líder designar o rumo a ser trilhado, se do sucesso ou do fracasso.

Muitos de nós já aprendemos em livros de auto-ajuda que pensamentos têm asas. Tudo o que for processado na mente consciente será refletido na mente subconsciente. Pensar vigorosamente em algo acaba por se consumar na prática. Não existe segredo nisso. Um namoro, que seja, só acontece depois que uma pessoa passa a pensar na outra, a ter algum tipo de contato, a freqüentar os mesmos lugares etc. A idéia vai amadurecendo, situações vão sendo criadas, mesmo inconscientemente, até que aquilo que um dia se imaginou é realizado. Por isso, não pode-se querer namorar a atriz Sônia Braga, que mora nos Estados Unidos, se o pretendente reside em Santarém, por exemplo. Não dá. Mas se ela morasse aqui, e o "sonhador" freqüentasse os mesmos lugares, a possibilidade de "pintar um clima" seria aumentada. É sempre assim. E nada é impossível. Os mais astutos vão criar condições para que o encontro se concretize. O resto vai da criatividade de cada um.

Um compositor somente faz sucesso quando a sua dedicação ao trabalho for completa. Outro dia o cantor Zezé di Camargo falou que escolhe a madrugada para criar novas letras. Com um violão na mão e uma idéia na cabeça, as palavras começam a brotar e a canção aparece. Sucesso é isso. É preciso gostar do que faz. Quando não existe a perfeita sincronia entre o trabalho e o gostar de fazer, o fracasso acaba por atravessar o caminho. No caso da música, são inúmeros os casos de artistas que sobreviveram somente enquanto uma música emplacou. Depois, escuridão. O próprio Zezé di Camargo disse nunca ter imaginado figurar entre nomes consagrados da música popular brasileira, como Caetano Veloso e Tom Jobim. Entretanto, isso é o que está acontecendo. A vitória depende de muita luta e força de vontade.

Quantos de nós, quando ainda garotos, vimos colegas que bem poderiam ser valorosos jogadores de futebol. Eu, por exemplo, vi vários. Verdadeiros craques com a bola nos pés, que reuniam condições de encarar o profissionalismo em qualquer grande clube do Brasil. Poderiam, mas nunca pensaram na possibilidade, ou seja, não quiseram. Eis a questão. Só se consegue na vida aquilo que é desejado ardentemente. Quando se quer algo, tudo é possível. No caso do futebol, quem poderia imaginar que o ex-centroavante Dario, o Dadá Maravilha, seria um artilheiro implacável? Ele mesmo. Só ele acreditou, e deu certo. Fez da impulsão e do cabeceio as suas armas mortais, mesmo sendo um desastre com a bola nos pés.

Já imaginaram se o cantor cearense Fágner fosse depender da avaliação de alguém para se iniciar na carreira artística? Certamente, seria desaconselhado, pois a sua voz, poderiam dizer, tem um estilo diferente. Mas nada o deteve. Acreditando no seu estilo, que, aliás, é muito personalista, conquistou fãs no Brasil inteiro. Fágner lota ginásios e seus discos são disputadíssimos. Tudo é uma questão de acreditar. E foi acreditando que o cantor Elymar Santos deu o pulo do gato em sua carreira. Em 1985 resolveu arrendar uma famosíssima casa de espetáculos no Rio de Janeiro. Seus amigos mais próximos temeram pela iniciativa, pois no entendimento de todos o passo a ser dado seria muito longo. Afinal de contas, Elymar, apesar do talento para cantar, só se apresentava em churrascarias. E para viabilizar o projeto, a maioria dos bens do cantor foi vendida para que o dinheiro do compromisso assumido fosse completado. Quando o show aconteceu, a vida de Elymar transformou-se numa velocidade espantosa. Finalmente, aconteceu o reconhecimento. Foi tanto o sucesso que a casa de shows prorrogou o contrato.

O sucesso não ocorre por acaso. Para se chegar a um ponto qualquer é preciso que o primeiro passo seja dado. A questão maior é traçar os planos e agir no sentido de alcançar os objetivos. Por isso, acredito que falta um plano bem definido para que Santarém saia da situação em que se encontra. O turismo deveria ser uma meta a ser atingida. Dela, depende todo o resto. Com dinheiro circulando, a nossa economia passa a gerar recursos, empregos serão criados, oportunidades iguais para todos surgirão. É assim que se trabalha. O momento, volto a insistir, é oportuníssimo para que Santarém conheça dias melhores. Se não for o prefeito, que sejamos nós os baluartes dessa virada de mesa. É tudo uma questão de iniciativa.

Artigo do dia 25 de dezembro de 1995.

Lamúrias não pagam contas

Nunca Santarém apareceu tanto como agora. Revistas, jornais e televisões passaram a mostrar com uma certa freqüência a "Pérola do Tapajós". Era tudo o que esperávamos para ter a esperança de que a situação há de mudar dentro de um futuro próximo. O turismo representa o grande canal que vai ligar a cidade ao progresso. Não existe outra forma de termos uma economia fortificada, se não for com a incrementação da atividade turística aqui. Continuo a afirmar que estamos sentados em cima de um pote de ouro, sem saber da fortuna incalculável que está ao nosso (quase) alcance.

Toda vez que se fala em Amazônia faz-se logo a ligação com aventura. Eis a grande sacada. Turismo de aventura; turismo-verde; turismo-cultural. Precisamos disseminar esta idéia. E quem vai fazer esse trabalho? Nós, ora. Somos nós os encarregados de descobrir as belezas intocadas e revelá-las para o mundo. Afinal, como é que as pessoas vão saber que temos praias como Cajutuba e Maguari? Só se nós contarmos.

Quando prego que as pessoas devem fazer a sua parte por Santarém, devo dizer que qualquer iniciativa é louvável. Basta ter uma idéia na cabeça e muita disposição. Quando a equipe 4x4, composta de jipeiros, convidou-me para fazer uma reportagem para a televisão sobre a trilha que vai de Santarém até Alter do Chão, pela praia, acreditei estar diante de uma idéia a ser melhor trabalhada. Seguindo uma linha de raciocínio, a atividade dos jipeiros é diretamente ligada à aventura. Aventura tem muito a ver com a floresta. Floresta é Amazônia. Então, por que não divulgar esse trabalho que, mesmo sendo um *hobby* para a equipe, tem tudo para crescer e atrair aventureiros de outros pontos do país para cá atrás de situações que somente se verificam aqui. Só que a equipe 4x4 nunca imaginou que a idéia fosse ganhar o Brasil tão rapidamente. Eles foram os personagens principais da reportagem sobre as praias selvagens, que mostraram Maguari e Cajutuba. Foram eles que acompanharam a equipe da TV Tapajós pela mata, mostrando perícia e técnica no meio de caminho. E, claro, hão de ganhar espaço entre os jipeiros do Brasil e do mundo, pois esse tipo de esporte é muito praticado em todo o planeta.

Outro dia, conversando na rua, uma pessoa perguntou-me o que estava ganhando com essas minhas intromissões no assunto turismo. Respondi que nada. Nada, por enquanto. Daqui a algum tempo, eu disse, todos irão ganhar. Todos, inclusive você, acrescentei ao interlocutor. É isso aí. Com o turismo em alta a população ganha.

A revista "Veja" mostrou uma reportagem sobre a pesca no Amazonas. A matéria dizia que todo turista americano deixava, em média, 360 dólares por dia, quando traz anzol e a idéia fixa de fisgar muito peixe. Então, imaginem muitos gringos vindo aqui para passar entre 5 e 7 dias de férias. Quem está de férias, está pouco preocupado com os gastos. Se eles gastam, a economia local flui. Todos ganham.

Como é que pode uma cidade como Santarém, de quase 250 mil habitantes, viver em função do salários dos funcionários públicos? É o que está acontecendo. Como o dinheiro é pouco, está se verificando um estrangulamento da economia. Não existe dinheiro para todos. E a inadimplência cresce.

Em que a economia de Santarém se baseia? Na pecuária? Na agricultura? Na verdade, não estamos apoiados em nada. Enquanto isso, aumentam as especulações de que uns e outros comerciantes mantêm as portas de seus estabelecimentos abertas por uma questão de orgulho. O que é pior é que estamos todos num mesmo barco, que já começou a fazer água há algum tempo. Só que ainda existe tempo para colocar o dedo no buraco que está a provocar o naufrágio. Está todo mundo vendo por onde a água vai entrando e estão todos a comentar que o buraco existe. Está mais do que aparente o problema. O que precisa é que se coloque o dedo no buraco.

Lamúrias não pagam contas. Desconsolo não resolve problemas. O que resolve problemas é iniciativa. Investir no turismo é tudo o que nós temos a obrigação de fazer.

* * *

A matéria da revista "Isto É" (1361-1/11/95) foi a ratificação de que todo o esforço tinha sido útil. Tudo o que eu havia pensado antes não era um sonho sem consistência. Dava para fazer muito mais. O título da matéria foi "Paraíso Escondido", com o subtítulo: "A praia fluvial de Alter do Chão, desconhecida dos brasileiros, recebe 35 mil estrangeiros por ano". Eis o primeiro parágrafo:

"Os habitantes de Santarém, no Oeste do Pará, não são nada modestos. Vão logo avisando aos turistas que se preparem para conhecer um dos lugares mais bonitos do mundo. Pode haver exagero, mas os santarenos têm alguma razão. Ali, no Baixo Amazonas, a 710 km de Belém e a apenas 30 km do centro de Santarém, se esconde a pequena vila de Alter do Chão, com belíssimas praias fluviais, areia branca e as águas cristalinas e mornas do rio Tapajós. Ilhotas formadas por bancos de areia ficam a descoberto quando as águas baixam muito, mas não impedem o banho durante as cheias de inverno. Formado pelo Tapajós, o Lago Verde - uma imensa piscina natural - encanta os visitantes ao mudar a cor de suas águas, durante o dia, de azul para verde. No rio Arapiuns, afluente do Tapajós, despontam belas praias desertas, em locais onde só se chega de barco. A beleza de Arapiuns foi registrada, em 1980, pelo cientista francês Jacques Cousteau, que viajou pelo rio para fazer imagens subaquáticas do boto cor-de-rosa. Se o visitante der sorte, pode avistar um boto em passeios pelo rio".

Em certo trecho da matéria, o jornalista trata da piracaia, que por muitos anos perdeu a força da tradição, mas que está voltando a acontecer à beira do rio Tapajós.

"Em noites de luar, na praia, os turistas podem assistir à dança do boto, apresentada por grupos folclóricos de escolas da região. Durante a demonstração, varas com tochas acesas são fincadas na areia para iluminar a praia. A maior atração, porém, é a piracaia - a peixada na praia, feita tradicionalmente pelos moradores da vila. Eles saem em grupo para pescar e, na volta, assam os peixes na brasa, espetados em galhos de pau. Com farinha, sal, pimenta e limão, preparam o tucunaré e o tambaqui. A piracaia atravessa a madrugada ao som de violão e os turistas dormem na praia".

*****

Capítulo 3

Abertura em jornais

Cumprida a primeira etapa do plano, decidi que o trabalho não poderia parar. A revista "Isto É" deu o maior destaque para a cidade. Os artigos caíram bem no gosto da opinião pública local. A impressão que eu tinha era que estava escrevendo o que a comunidade estava a fim de ler. Nas ruas, não foram poucas as pessoas que me cumprimentavam por estar tocando em assuntos fundamentais para o crescimento do município. Ficava satisfeito, mas ao mesmo tempo sentindo uma enorme responsabilidade. Inconscientemente, passei a me exigir. Quando dei por mim, já estava fazendo contato com jornais de fora do Estado buscando espaço para publicar artigos.

É aquela história: todo início de qualquer atividade é sempre muito difícil. As incertezas sempre incomodavam. Eu precisei, então, me definir com relação a essa atividade, que para mim era paralela às minhas outras funções. Naquele momento eu era um distribuidor de revistas.

Eu coloquei na cabeça, de forma definitiva, que o que estava começando a fazer era algo que exigiria muito do meu tempo. Tinha, por conseqüência, que me organizar. Era necessário que estratégias de ação fossem montadas. Ou seja, um verdadeiro planejamento deveria ser elaborado. A meta inicial era conquistar espaços. Cada avanço exigiria uma nova atitude diante do quadro que iria se formar. Como a primeira fase tinha dado certo, era conveniente programar bem as novas ações.

O maior obstáculo que enfrentei foi a minha principal atividade. Mesmo assim, o tempo que sobrava era dedicado a escrever novos artigos e reforçar os contatos com a imprensa nacional. Houve momentos de eu ter seis artigos prontos guardados na gaveta. Em caso de qualquer resposta afirmativa de um jornal, estava pronto para atacar. De tanto insistir, consegui um sim do jornal "O Estado de S. Paulo". Foi o primeiro grande retorno que tive na imprensa escrita. Agradeci imensamente a Deus quando uma jornalista pediu que eu passasse o texto através de fax. Sabia que um salto enorme estava sendo dado. Era o mesmo que colocar o "bloco na rua" dentro do contexto nacional. Era a vitória da persistência. Publicar uma matéria no "Estadão" era o mesmo que dizer para o resto do país que nós existimos. Além do mais, essa primeira incursão na grande imprensa brasileira foi ter a certeza de que eu estava no caminho certo.

O Estado de S. Paulo.

Artigo publicado em 16 de julho de 1996.

O Brasil não conhece Santarém

Nunca se falou tanto em ecoturismo no Brasil como agora. Nunca o planeta esteve tão interessado na Amazônia como neste final de milênio. De repente, as atenções se voltam para o homem e o seu contato com a natureza. Ou pelo menos, a possibilidade de um contato mais aproximado. A Amazônia, com seus recursos naturais, se coloca como ponto de referência numa época em que o ritmo alucinante das grandes cidades incomoda.

Santarém, onde moro, é a segunda cidade do Estado do Pará. A distância até Belém é de 710 quilômetros em linha reta. Ou seja, estamos isolados dentro do próprio Estado. Ainda mais no turismo. Afinal, constatou-se que o turismo em Belém não merece a atenção que deveria das autoridades. Então, se na capital pouca importância dão ao assunto, imaginem com os municípios do interior. Aliás, esse é um problema tipicamente do Brasil, que não tem a tradição de praticar campanhas agressivas de estímulo à atividade turística.

É sabido que países como a Argentina e o Uruguai recebem mais turistas estrangeiros do que o Brasil, que é um país gigantesco, e com potencial na área turística da mesma proporção. Qual é o problema? Falta investimento. Sabe-se que o governo federal está investindo 8 milhões de reais em campanha publicitária para melhorar a imagem do Brasil no exterior. Muito pouco para um país que pode explorar, além de futebol, samba e carnaval, o ecoturismo, dando uma chance para aos Estados da região Norte.

Santarém sonha com a perspectiva de ter o ecoturismo incrementado. Seria a chance de a economia do município experimentar algum progresso, já que depois do fracasso do comércio do ouro, os municípios da região Oeste do Pará entraram em decadência. O turismo, sem dúvida, pode representar uma saída viável. Atrativos aqui existem aos montes. O que falta mesmo é boa vontade e dinheiro.

O governo municipal diz que não tem recursos para investir em marketing. O governo estadual não se pronuncia a respeito. Quanto ao governo federal, quem somos nós para pleitear alguma coisa? O Brasil precisa saber que Santarém existe. Como? Com criatividade, utilizando os espaços na mídia nacional para que a mensagem seja difundida. Nesse momento, o leitor passa a ter contato com a informação: Santarém existe, e está localizada no interior do Pará. A curiosidade vai criar na mente das pessoas o interesse. Subliminarmente. É a única forma. Do contrário, vamos passar a vida inteira aguardando soluções que nunca vão chegar.

Estou cansado de esperar por posições políticas que nunca são tomadas. Em vez de esperar, posso fazer. Pensar pela nossa cidade é o mínimo que podemos fazer para vislumbrar algo de positivo no futuro. É o turismo a solução? É, penso eu. Então, vamos trabalhar em cima da idéia. O que podemos fazer? Criar eventos. Uma cidade que quer se estabelecer como polo turístico não pode prescindir de bons eventos com poder de atrair pessoas de outras regiões.

É chegada a hora de colocar idéias para funcionar. A trilha Santarém/Alter do Chão/Maguari, pela praia, está sendo organizada por um grupo de jipeiros para os dias 9 e 10 de novembro. O Brasil precisa saber. Todo grande evento um dia nasceu pequeno. É o caso da Festa do Boi-Bumbá, em Parintins, um pequena cidade do Estado do Amazonas, que somente no ano passado atraiu 61 emissoras de televisão do Brasil e do mundo.

Quando o dinheiro escasseia, a palavra passa a ser a única arma disponível. E vai ser falando e escrevendo que espero sensibilizar as autoridades do meu Estado no sentido de criar o Alternaval, que seria um carnaval fora de época em Alter do Chão. Seria o Carnaval temporão mais exótico do país. Só que a possibilidade de a minha idéia vingar é quase zero. O secretário de Cultura do Pará, Paulo Chaves, disse que é radicalmente contra a baianização do folclore paraense.

Estou convencido de que qualquer movimento, para ganhar corpo aqui tem que vir de fora. Por esse motivo, quero disseminar a idéia no Centro Sul-Sudeste para que ela possa chegar aqui, e nunca obedecendo ao sentido contrário, pois correria o risco de não extrapolar os limites do Estado. Aliás, é sempre assim. Até o atual artilheiro do Campeonato Paulista de Futebol, Giovanni, do Santos, encontrou dificuldades em se estabelecer no futebol paraense. O camisa 10 santista, antes de conhecer a fama, foi dispensado pelo Clube do Remo e Tuna Luso Brasileira, ambos de Belém. Nas duas equipes, ele foi taxado de lento e pouco produtivo. Hoje, ele é o que é. O detalhe importante é que ele é do interior do Estado. Então...

* * *

Depois do "Estadão", as portas se abriram em outros jornais importantes do país. Santarém passou a merecer espaço até mesmo no distante Estado do Paraná.

Gazeta do Povo (Curitiba).
Artigo publicado em 5 de agosto de 1996.

Nossos sonhos morrem em Belém

Localizada na região Oeste do Pará, a uma hora de vôo de Belém, 710 quilômetros em linha reta, separam Santarém, a segunda cidade paraense, do lugar que é (ou era) chamado de "Porta de entrada da Amazônia".

Jornalistas que nos visitam têm constatado que alguns pontos turísticos de Belém estão em condições de abandono. Em reportagem publicada na "Folha de S. Paulo", numa referência ao local mais requisitado por todos os que visitam a capital, Marcelo Rubens Paiva diz que o Ver-o-Peso fede. Já para Santarém, o jornalista faz questão de acentuar que a praia mais famosa da cidade, Alter do Chão, possui uma beleza cinematográfica. Apesar da pouca infra-estrutura para receber os turistas consegue se destacar por seus recursos, que são muitos.

Paiva rasgou elogios para Alter do Chão. É bom que todos saibam que em Santarém não existe somente Alter do Chão. Muitas outras opções passam desapercebidas pelos visitantes; inclusive, os próprios santarenos não conhecem todos os recantos que a cidade oferece.

Que Santarém existe, muitos já sabem. Mas fica a pergunta: qual a nossa chance de despontarmos no turismo nacional? Infelizmente, são poucas as nossas possibilidades. Hoje, falar em Amazônia é falar em Manaus, que, aliás, fica a uma hora de vôo de Santarém. Está tão perto de nós, e Santarém está tão longe do desenvolvimento que a capital amazonense vem experimentando no turismo. Qual o segredo? Investimento é a palavra chave. Em passado recente, Manaus não despertava a atenção de muita gente. O governo do Amazonas tem investido maciçamente para fazer da capital o grande pólo turístico da região Norte do Brasil. Nos últimos seis meses, a Seleção Brasileira jogou lá duas vezes; o tenor Jose Carreras fez o concerto de reabertura do Teatro Amazonas; Roberto Carlos e Julio Iglesias fizeram show em festa realizada no final do ano passado. A Festa de Parintins atrai turistas do mundo inteiro, que se rendem à festa folclórica mais concorrida e uma das mais bonitas do país. Eventos. Em meio aos eventos, a mídia volta-se para o Amazonas.

E nós, que estamos aqui ao lado? Sem medo de errar, afirmo que o nosso potencial supera em muito o do Amazonas. Mas estamos a ver navios. Aliás, ainda bem que muitos navios passam por aqui trazendo turistas internacionais. É um consolo, mas estamos longe de chegar perto do que estão fazendo de bom no vizinho Estado.

Qual a solução? Copiar. Os filósofos de plantão dizem que "na natureza nada se cria, tudo se copia". É só fazer o que está dando certo no Amazonas. A criação de eventos pode ser uma boa. Tenho insistido por aqui na criação do Alternaval. Querem coisa mais exótica do que um Carnaval exótico no meio da selva amazônica? Seria o máximo! Infelizmente, o secretário de Cultura do Estado é contra a "baianização" do folclore paraense. Sendo assim, os catarinenses de Blumenau (SC) deveriam ser contra a "germanização" do folclore do Estado, já que o Oktoberfest é cópia da festa de uma cidade alemã.

Em Santarém, hoje, está acontecendo algo curioso. A comunidade está procurando alternativa para a solução de seus problemas. Ou, pelo menos, passou a discutir mais sobre como a cidade pode superar o mau momento que vive. Até o final da década passada, a região Oeste do Pará viveu em função do comércio do ouro, que produziu riqueza e alimentou a ilusão. Passados os anos dourados, veio o confronto com a realidade, e a região viu-se sem identidade econômica. Nem ouro, nem pecuária, nem agricultura.

Agora, todos entendem que a saída é o turismo. Pelo menos, teoricamente. E perguntamos todos: o que fazer agora? Chamar a atenção das autoridades. É preciso, também, reconhecer que nos encontramos num posição incômoda dentro do turismo nacional. No momento, é muito mais fácil viajar para o exterior do que um paulista deslocar-se até a Amazônia. Esse é, sem dúvida, o maior entrave. Outro ponto importante é a falta de uma política mais agressiva para estimular o turismo interno. Ainda que o governo federal, em campanha de divulgação do Brasil no exterior, esteja dando atenção para o ecoturismo, quando antes somente futebol, samba e carnaval tinham vez.

Não restam dúvidas de que o ecoturismo, o turismo-aventura, podem representam a saída para a nossa combalida economia. Resta saber se o poder público está interessado em que isto aconteça. Do contrário, São Paulo e Rio de Janeiro, dentro de pouco tempo, devem preparar-se para receber mais gente atrás de emprego.

Apostar no turismo do Brasil é uma necessidade. Um turismo forte aqui, vai fazer com que o santareno, por exemplo, permaneça onde está, ao invés de procurar outros centros e dar de cara com a triste realidade dos que procuram por dias melhores nas grande cidades. Nosso lugar é aqui. Temos de viabilizar formas para continuar aqui. Só precisamos colocar a cabeça fora d'água (do rio Tapajós).

* * *

Quase um ano depois da primeira publicação, Santarém voltou a ser destaque na coluna Espaço Aberto de "O Estado de S. Paulo".

O Estado de S. Paulo.
Artigo publicado em 6 de maio de 1997.

Bons ventos sopram no Pará

A Amazônia serviu de enredo para a escola de samba vencedora do Carnaval de São Paulo. O Boi-Bumbá, de Parintins, ganhou o Brasil com a dança que conquistou até a Europa. Aos poucos, os brasileiros vão descobrindo o resto do país. Aliás, já era tempo.

Como o Brasil, a Amazônia é bastante grande. Aqui, muitos são os atrativos que se encontram escondidos no meio da selva. Só conseguem realçar a sua beleza os Estados mais bem estruturados, como o Pará e o Amazonas. A reboque, Belém e Manaus são sempre privilegiados. E o resto? As demais cidades servem de pano de fundo no contexto amazônico.

Mas a natureza foi pródiga com toda a Amazônia. Em todos os lugares existe uma beleza peculiar à região. Em Santarém, por exemplo, o atrativo são as praias, além de a cidade revelar o encontro das águas dos rios Amazonas e Tapajós, num espetáculo de arrancar suspiros de qualquer visitante. Estamos convencidos de que, apesar de todas as dificuldades existentes, o turismo deve ser a grande força que vai mudar a trajetória da economia do município. A imprensa nacional tem contribuído, mostrando, em reportagens, os seus encantos.

E o momento parece ser extremamente favorável para que a descoberta, finalmente, aconteça. Recentemente, a primeira-dama, Ruth Cardoso, em visita à cidade para acompanhar os trabalhos do projeto Comunidade Solidária, deslumbrou-se com a beleza selvagem da praia de Alter do Chão. Investimentos estão sendo atraídos para a região.

Um funcionário da companhia norte-americana Ford esteve no Brasil para reunir-se, em Brasília, no Ministério do Meio Ambiente, com representantes dos governos federal e estadual. O objetivo da visita foi conhecer o projeto de criação de um centro de turismo ecológico em Fordlândia e Belterra, ambas cidades do Oeste do Pará, fundadas por Henry Ford, na década de 30. A Companhia Ford deve financiar o Museu da Borracha, e Santarém deve servir de porta de entrada para turistas do mundo inteiro.

Por aqui esperamos que nossos vizinhos se desenvolvam e que possamos nos beneficiar de um trabalho bem-sucedido deles. Já estamos torcendo para que a estrada que liga Macapá, no Estado do Amapá, à Caiena, capital da Guiana Francesa, se concretize.

Segundo o governo francês, a união permitiria fixar na região o maior centro de turismo ecológico do mundo. Temos a maior simpatia pelo trabalho desenvolvido no Estado do Amazonas, que deu ao turismo da região uma atenção especial e está colhendo o resultado de um bom trabalho de marketing.

Bons ventos começam a soprar em nossa direção. A Infraero está estudando a possibilidade de construir, em Santarém, um hotel de lazer na praia de Maria José. Também está nos planos da Infraero a internacionalização do aeroporto da cidade, o que ajudaria bastante Santarém a encontrar o seu espaço no turismo nacional. Já estamos trabalhando no sentido de criar eventos que possam chamar a atenção da mídia nacional. Entre os dias 18 e 21 foi realizado o II Raid Passeio Ecológico do Cuamba, que mereceu até reportagem na televisão, com transmissão em todo o território nacional. Os jipeiros de Santarém ganharam espaço no Brasil inteiro. O Brasil Off Road Adventure Club (Borac), de São Paulo, participou do Cuamba com 15 jipes. Para um maior respaldo falta somente a sedimentação dos eventos, que têm a função de permitir o resgate dos valores de nossa cultura. Sem dúvida, o turismo no Brasil, aos poucos, vai chegando próximo à descoberta de Santarém.

* * *

A publicação de matérias tratando do turismo de Santarém em jornais de renome nacional produziu um efeito bastante interessante no plano doméstico. O santareno viu a sua auto-estima se elevar, pois a sua cidade passava a ter o reconhecimento que julgava merecer. A maioria sempre reclamou que a mídia somente se voltava para a Amazônia quando os assuntos envolviam catástrofes.

Os leitores, ao terem notícia de que o assunto turismo estava ultrapassando o Estado do Pará, passavam a acreditar ainda mais em tudo aquilo que foi escrito inicialmente no jornal local, com a pregação de que todos os esforços deveriam se concentrar no sentido de nós mesmos revelarmos tudo o que estava escondidos por muitos anos, sem que as pessoas soubessem por pura falta de informação. Definitivamente, o canal entre a informação e o público estava sendo possibilitado por gente da casa.

Estava chegando o momento de uma palavra mágica passar a ser evidenciada: parceria. O esforço concentrado dependeria da participação da imprensa local, do empresariado, do poder público, das pessoas em geral (comunidade). A cidade deveria estar sintonizada com a nova ordem.

* * * * *

Capítulo 4

A televisão entra no circuito

1996 começou com boas perspectivas. O ano anterior tinha sido incrivelmente produtivo no incipiente trabalho de divulgação. O segundo passo vinha cercado de expectativa e muita disposição em ganhar espaço. Os jornais passaram a ser um alvo interessante. Era necessária muita cautela para ter de abrir as portas certas, nos momentos certos.

Naquele momento, o melhor estava por vir. Um certo dia resolvi visitar um amigo. Por incrível que pareça, ele estava à minha procura. Denis Maia falou-me que a sua mulher, Vânia Maia, diretora de jornalismo da TV Tapajós, desejava falar-me.

A empresária Vânia Maia adiantou-me que a Rede Globo havia solicitado uma reportagem para o quadro "Praias Selvagens", que estava sendo exibido no "Fantástico". Vânia, então, convidou-me para atuar como repórter na referida produção. Na reportagem, a orientação era no sentido de evidenciar um esporte radical, e que envolvesse juventude, beleza e ação. Era a senha para iniciarmos um trabalho de massificação das ações dos jipeiros, que começaram a se organizar desde o ano de 95.

O contato com os Jeep Clube do Tapajós foi muito fácil, pois passavam por um momento de divulgação de suas atividades. Logo, uns 10 jipeiros se prontificaram a participar da operação. O que levou um certo tempo para definir foi o local das gravações. Decidimos pela Ponta do Maguari, no município de Belterra. O local, no auge do verão, é realmente encantador. É desses paraísos escondidos, que poucos se atrevem em querer conhecer, pois fica longe demais. Poucos santarenos tinham ouvido falar em Maguari. Optamos por algo bem exótico, que surpreendesse até os acostumados com a região amazônica. A matéria saiu no "Fantástico", que representou um empurrão enorme dentro daquela estratégia inicial da conquista de espaços de forma gradativa.

O trabalho que um dia começou solitário deixou de ser. A cada passo a adesão aumentava. Foi no ambiente da televisão que senti o trabalho ganhar corpo. Antes que a primeira matéria fosse produzida, a do "Fantástico", tive uma reunião na TV Tapajós, da qual participaram Vânia Maia, Denis Maia e, claro, o diretor-presidente da emissora, Joaquim da Costa Pereira. Entre os assuntos tratados, ficou certo que a partir daquele dia a televisão passaria a dar a sua parcela de contribuição no sentido de estimular o turismo na cidade.

Já obedecendo à estratégia de fazer o santareno conhecer a sua região, fui chamado para participar de outra reportagem. Aliás, eu já estava envolvido na organização do II Raid Ecológico do Cuamba, que na verdade era um passeio de jipe, com saída de Santarém. A segunda etapa do evento, consistia na travessia do rio Amazonas com os jipes em cima de uma balsa. Do outro lado do rio, o comboio seguia até a cidade de Alenquer, passando antes pelo ramal do Cuamba, que naquele período de inverno ficava complicadíssimo em suas condições de trafegabilidade, o que fazia interessante o percurso. De Alenquer, a caravana partia em direção a Monte Alegre, representando o final da trilha de dois dias.

A matéria foi veiculada no programa "Esporte Espetacular". A região oeste do Pará chegava à mídia mostrando os seus imensos recursos naturais. O destaque ficou por conta do verde, de belas cachoeiras, dos caminhos no meio do mato. Ao vivo e em cores, num dia de sábado.

As duas matérias exibidas pela Rede Globo serviram de estímulo para a criação de um programa semanal chamado "Paraísos Selvagens". Na verdade, era produzida uma reportagem semanalmente, que entrava no telejornal local aos sábados. O objetivo da produção do programa era o de mostrar lugares distantes do centro da cidade. Foi, então, que foram reveladas as belezas do Lago do Tapari, Aramanaí, Pindobal, Cajutuba, Ponta do Jutuba, as praias do rio Arapiuns, a Ilha do Meio, Lago do Papucu etc. Verificou-se, pela resposta do público, que a maioria das pessoas desconhecia os destinos turísticos exibidos, apesar de alguns pontos localizados relativamente próximos ao centro da cidade, mas que poucos tinham referência do nome.

O programa "Paraísos Selvagens" ganhou vida fora da cidade. A emissora amazonense, AmazonSat, que realiza uma programação voltada para temas amazônicos, mostrou algumas das matérias produzidas pela TV Tapajós. A Globo News também exibiu várias.

No plano doméstico, a idéia era fazer o telespectador ver aquilo que somente conhecia de ouvir dizer. Mais do que as palavras, a imagem. O santareno precisava conhecer um pouco mais a sua terra.

A equipe de "Paraísos Selvagens" saiu atrás de pontos novos, lugares literalmente encantados. Fiquei com a missão de ser o repórter do quadro na televisão. Boa parte dos meses de 96 e 97 foi reservada a sair procurando praias e trilhas na floresta. O resultado foi compensador.

Turistificando em casa

Papucu

Em 99, descobriu-se um lugar encantado, praticamente dentro do centro urbano de Santarém. Pouco visitado, é um ilustre desconhecido dos turistas. Só que esconde belezas que podem colocá-lo na preferência dos amantes da natureza que chegam à "Pérola do Tapajós".

Um passeio genuinamente amazônico. De canoa. Próximo do centro da cidade. Um lugar escondido da maioria, mas que pode ser encontrado sem grande esforço. Na canoa, é só deixar os catraieiros comandarem a expedição. Criados na beira do lago, são profundos conhecedores do lugar. Passam a viagem inteira contando histórias de pescadores e das lendas envolvendo o lago.

Para eles, o lago é como se fosse o quintal de suas casas. Sobre a origem do nome do lago sabe-se apenas que é de origem indígena, e só. Tirando o exotismo do nome, o Papucu é um desses lugares encantados, que a memória costuma guardar por muito tempo. Durante o trajeto dá para se observar a cidade ao fundo, num contraste do lado selvagem com a vida urbana. Aliás, a cidade ao longo dos anos está avançando em direção ao lago, o que preocupa os ambientalistas, que vêem nessa aproximação uma ameaça para o equilíbrio ecológico da área.

Os pescadores dizem que o Papucu já foi bem mais bonito. Vários incêndios, durante os períodos de seca, destruíram muito o verde existente no lago. Mesmo assim a beleza salta aos olhos de qualquer visitante curioso. A cada instante uma situação nova a intrigar um turista carente de contato mais aproximado com a realidade da Amazônia.

Contando histórias, os catraieiros remam por caminhos que para eles são como se fossem autênticas avenidas. As passagens, que para os marinheiros de primeira viagem são como labirintos, para eles são verdadeiros atalhos que nos levam a um outro lago, o Mapiri.

Por entre as folhagens, os pescadores se lançam atrás do jaraqui, um dos peixes mais gostosos da região, e que tem no lago o local ideal para a desova. Parte da praia do Maracanã também é avistada, num dia qualquer de semana, quando os visitantes são poucos.

O Lago do Mapiri parou de sofrer com a ação dos bombeiros, que insistiam na pescaria fácil. A Coordenadoria de

Saneamento e Meio Ambiente (Cosama), o IBAMA, e vários outros órgãos conseguiram, num trabalho bem sincronizado, acabar com os desmandos praticados contra a natureza pelos pescadores inescrupulosos. Ao invés das bombas, que dizimavam peixes, apareceram os catraieiros, transportando turistas, e o pescador de anzol. O cenário mudou para melhor.

Ponta do Cururu

Saindo de Alter do Chão, de barco, numa viagem bem curta, com direito a curtir todo um cenário visto de um ângulo diferente, avista-se uma série de praias que costumam ficar no anonimato. São pedaços tidos como esquecidos do rio Tapajós, em função da grande procura pela antiga vila dos índios borari.

Só que a ponta de areia branca faz qualquer aventureiro querer parar. É o momento de atracar o barco na Ponta do Cururu. Gente por ali é algo raro. Só o vento costuma ser forte, provocando um assobio tradicional. Olhando bem, tem-se a impressão de que a Ponta do Cururu é uma imensa avenida de piso branco.

A Ponta do Cururu é, durante o ano inteiro, da natureza, guardando todos os mistérios que um paraíso intocado é capaz de esconder. No local, por exemplo, não existe a mínima infra-estrutura para receber turistas. Os que se atrevem a chegar à praia são movidos por um espírito aguçado de aventura, mais preocupados em curtir o visual do que em estar atrás de conforto. A Ponta do Cururu é, literalmente, selvagem. A simples presença do homem chega a incomodar, simplesmente pelo fato de que o lugar é quase que inabitado. Somente os pescadores parecem ter intimidade com essa curva de rio. Solitários, fazem da areia o seu *habitat*.

Se para o pescador a areia é algo familiar, para o visitante pisar em algo tão fofo pode parecer coisa de outro mundo. E não deixa de ser. Afinal, poucos têm a chance de conhecer um pedaço esquecido da Amazônia e se deliciar com suas praias pouco conhecidas no restante do país, mas ao mesmo tempo bonitas e com o encantamento de serem de água doce, do rio Tapajós.

O Cururu é tão bonito que somente o ato de olhar já contenta aos mais impressionados com os encantos da natureza.

Lago do Tapari

Santarém vê nascer outro ponto turístico, com força para encantar turistas de qualquer canto. O lago do Tapari, que fica localizado próximo à praia de Ponta de Pedras, passou a entrar no roteiro dos que visitam a Pérola do Tapajós. E não é por acaso. O local é privilegiado pela natureza.

Assim que se chega ao lago do Tapari, empolga-nos o visual. Do alto de um morro se pode ver quando o Sol se impõe sobre a água do rio Tapajós. O encontro dos dois faz refletir toda a beleza de uma pequena parte do rio. Aliás, o rio, ao se encontrar com a areia, evidencia todo o seu aspecto cristalino. Fica difícil resistir. Um passeio se torna mais do que necessário para contemplar o panorama amazônico.

Em meio às arvores, o visitante se esconde um pouco do Sol. O fato de levantar a cabeça é um convite a continuar a caminhada, que aponta para novas descobertas. O Lago do Tapari ainda está distante dos olhos curiosos. Pouca gente freqüenta o lugar, que é escondido e guarda uma beleza intocada. Mas quem chega lá não perde a oportunidade de se envolver com o cenário.

O difícil é resistir ao banho. A água limpa é um verdadeiro convite ao mergulho. Só que é impossível não se colocar a contemplar o igarapé com o lago mais atrás. É comum as pessoas se encantarem com a confusão de cores que a natureza propicia. O azul do lago contrasta com o verde da mata, que se diferencia do branco da areia, que destoa de outros pequenos detalhes que surgem quase do nada.

O único ser diferente é o humano, que somente é bem aceito quando chega disposto a se integrar aos valores nativos. Forasteiro aqui só é aceito quando vem para se deleitar. Só é bem-vindo ao lago do Tapari os desprovidos de maldade e espírito destruidor. O lema é a preservação e a manutenção dos recursos naturais. Só têm entrada garantida no Tapari os que são donos de beleza interna. Justamente para combinar com o rico potencial ecológico do lugar.

Rio Arapiuns

Santarém é Alter do Chão, com sua beleza que a colocou entre os 17 principais roteiros turísticos do Brasil. Santarém é Ponta de Pedras, recentemente descoberta pelo grande público. Santarém é Maracanã, com todo o encanto da praia, toda ela na zona urbana da cidade. Santarém é o Lago do Mapiri, com a plasticidade de cartão postal. Santarém é o Lago do Maicá, considerado ainda um autêntico santuário ecológico.

Santarém tem muito mais. Tem, por exemplo, o encontro das águas dos rios Amazonas e Tapajós bem em frente à cidade, revelando um espetáculo de rara beleza. Mas falta uma atração, que aos poucos está merecendo a atenção de turistas que aqui chegam: o rio Arapiuns.

O Arapiuns faz parte da porção Oeste do município. Corresponde a cerca de 28% de todo o espaço santareno, sendo afluente da margem esquerda do rio Tapajós. Fica longe. Tem a sua desembocadura distante 36 quilômetros de Santarém.

Aliás, os caminhos do Arapiuns são um autêntico exercício de paciência. Mas vale a pena. Ao longo do trajeto, de barco, a sensação é de um contato íntimo com a natureza. A cada curva do rio, um cenário novo é mostrado para o deleite do observador. Ao longo das margens, existem cerca de 107 comunidades, distribuídas em pequenas vilas, cuja arquitetura reflete a cultura indígena na utilização da terra e da pesca.

Os pescadores, sem dúvida, são os verdadeiros donos do pedaço. Com suas canoas parecem desfilar pela água transparente. O Arapiuns, no entanto, não faz a alegria de pescadores, em razão da ausência de nutrientes na água, o que faz com que o rio seja relativamente pobre em pescado.

Em tempos de inverno o rio Arapiuns esconde inúmeras praias de areia branquíssima e bastante fina, que contrastam com as águas cristalinas e azuladas. Para um simples passeio, o inverno é a época ideal, pois a navegação é facilitada. Dependendo da disposição, pode-se chegar à Cachoeira do Aruã, tida como a principal atração turística. A única obrigação de quem pára é se permitir um banho ou outra coisa qualquer, desde que mexa com o corpo. É a senha indicada para poder voltar.

Para quem não está com muita pressa, é indicada uma parada em uma das comunidades do longo do rio para comprar peças do artesanato local, que é riquíssimo. Conhecer os hábitos do ribeirinho faz parte de qualquer programa ecoturístico, pois os comunitários continuam a preservar velhos costumes herdados da tradição indígena.

O rio Arapiuns é grande, como é grande o seu potencial turístico. A impressão que se tem é que um gigante está a ponto de ser despertado. Na verdade, as pessoas passaram a cutucá-lo com suas visitas. Cada novo turista que por lá passa fica com a certeza de que esteve num pedaço do paraíso. Um paraíso ainda selvagem.

Ponta de Pedras

Todo turista que chega a Santarém tem sempre a praia de Alter do Chão como referência. Existem navios europeus, por exemplo, que ao invés de atracarem no cais do porto, rumam, incontinenti, em direção ao "Caribe da Amazônia". Tamanha fama chega a obscurecer o brilho de tantas outras, que possuem beleza equivalente, mas sem o aparato da mídia.

Mas o rio Tapajós revela tantos encantos que as praias vão sendo descobertas aos poucos. Apareceu no circuito a praia do Maguari. Hoje, fala-se muito em Jaguarari, também nos limites belterrenses, mas que poucos já pisaram em suas areias branquíssimas. São todas praias desertas, onde o grande público tem enorme dificuldade para chegar. Essas são histórias do Tapajós, um rio que mais esconde do que revela suas belezas. Afinal, são muitas opções para um espaço territorial igualmente proporcional.

Até o início da década de 80, praias como Vera Paz, Maria José, Salvação, Maracanã e Pajuçara dividiam o gosto do banhista santareno. A preferência por elas devia-se ao fato de estarem próximas ao centro da cidade. O acesso era mais fácil, possibilitando passeios nos finais de semana. São muitas as histórias de piracaia (peixe assado na brasa ao luar) na praia da Vera Paz, com o devido acompanhamento de violeiros entoando cantigas da terra.

Alter do Chão apareceu no cenário a partir da necessidade dos banhistas em descobrirem novos pontos em lugares mais distantes. Aliada ao fato do crescimento da cidade, a procura por pontos mais isolados fez aparecer a antiga vila dos índios borari. Como Alter do Chão caiu no gosto da opinião pública, outras opções ficaram esquecidas. É o caso de Ponta de Pedras, uma praia que passou a ser mais freqüentada há cerca de cinco anos, depois que a Rodovia Everaldo Martins, que liga Santarém a Alter do Chão, foi asfaltada. O grande *boom* de Ponta de Pedras está por acontecer. Não são poucos os que ficam impressionados com o bucolismo da vila, que abriga 34 famílias.

Para se chegar a Ponta de Pedras existem duas possibilidades: por via fluvial e pela terrestre. De automóvel, depois de 23 quilômetros de asfalto, mais 12 em estrada de chão batido, com alguns trechos bastante arenosos, o que, dependendo das condições da época, atrasa a viagem. Ao cumprir o trajeto chega-se ao centro da vila, que oferece 16 barracas de venda de comida e bebida. Num ambiente rústico, o turista tem a sensação de estar ajudando a descobrir uma nova destinação. O atendimento carece do esmero de centros mais adiantados, mas o que salta aos olhos é o bucolismo do lugar. Se a visita for no auge do verão, a vista pode se perder por alguns minutos vislumbrando o branco da areia em contraste com o azul da água. As seringueiras fazem sombra para que o visitante possa escolher sem pressa o lugar onde vai dar um mergulho batismal.

A vantagem de Ponta de Pedras é que, além da praia, existem outras atrações, como caminhadas pela mata, tendo a condição de alcançar lugares como o Lago do Tapari e o Lago Preto, onde é possível, com facilidade, acompanhar vôos de pássaros e o vai e vem dos pescadores, que fazem da atividade um meio de vida.

Crescer ordenadamente. Esse parece ser o maior propósito. Por enquanto, os turistas vão chegando aos poucos. Sempre ao sair levam uma boa impressão. Os problemas de infra-estrutura ainda não chegam a incomodar, já que somente agora a praia está sendo lançada ao conhecimento público. O primeiro passo para reduzir os problemas foi dado com a eletrificação da comunidade. É uma luz que se acende para que as belezas de Ponta de Pedras possam reluzir.

* * * * *

FOTOS MARCANTES

A Ponta do Cururu, embora próxima de Alter do Chão, é ainda uma ilustre desconhecida, sendo um paraíso para os pescadores das proximidades.

Emanuel Júlio Leite

Um ângulo privilegiado da "ilha" de Alter do Chão, que mantém características de um paraíso escondido.

Jorge Bassi

A praia de Cajutuba é um espaço reservado para quem deseja sossego, com direito a ficar afastado de tudo e de todos.

Ponta do Maguari é distante o suficiente para fazer os turistas sonharem em conhecê-la.

Emanuel Júlio Leite

O rio Arapiuns, durante o verão, atrai um público que se delicia com a descoberta de situações inusitadas.

Ponta de Pedras é a segunda praia na referência do santareno, por revelar ângulos que seduziriam um pintor.

Vânia Maia

Emanuel Júlio Leite

A canoa caracteriza o estilo de vida simples das cidades ribeirinhas, com os costumes herdados de gerações passadas.

Os catraieiros de Alter do Chão se transformaram ao longos dos anos em atração turística, ao exibirem técnica na travessia da vila para a "ilha".

Jorge Bassi

Emanuel Júlio Leite

Em Santarém, o rio é tido como rua, em função das embarcações atracarem bem em frente à cidade provocando um cenário genuíno.

É do alto que se vê a sincronia perfeita da cidade servindo de pano de fundo para a beleza do rio Tapajós.

Davis Serruya

Vânia Maia

Cajutuba é sempre um local indicado para se manter contato direto com a natureza.

Durante o maior evento folclórico do Estado do Pará, a vila de Alter do Chão se mostra para o mundo através da religiosidade de seu povo simples.

Jurandir Azevedo

Vânia Maia

Os rios da Amazônia exibem peixes, como o tucunaré, que fazem tremendo sucesso na culinária cabocla.

Os canhões do Forte Pauxi, em Óbidos, foram colocados estrategicamente para proteger a cidade de inimigos que nunca apareceram.

Emanuel Júlio Leite

O passeio de canoa pelo Lago do Papucu só se tornou possível depois que um trabalho de preservação ambiental afugentou os pescadores inescrupulosos do local. O natureza agradeceu.

O "Raid do Cuamba" é um evento voltado para os jipeiros enfrentarem dificuldades, principalmente a de ter que encarar lama.

SANTUR

O pescador, ao final da tarde, se transforma em comerciante nas feiras livres das cidades da Amazônia.

SANTUR

Davis Serruya

Santarém, terá sua frente toda revitalizada através do Projeto Orla, possibilitando ao município uma incrível melhoria em sua infre-estrutura.

Vânia Maia

A imensidão de areia é encontrada na praia de Parauá, uma ilustre desconhecida até mesmo dos santarenos.

O Lago do Tapari é a pedida para quem optou por Ponta de Pedra. Não dá para conhecer um, sem visitar a outra, pois são vizinhos.

Emanuel Júlio Leite

A "Expedição Tapajós", durante o mês de novembro, ganhou prestígio em todo o Brasil, ao revelar um lado pouco conhecido de Santarém e Belterra.

A escuna Tocorimé Pamatojari, que foi construída por 4 estrangeiros em Santarém, ganhou as águas brasileiras durante a comemoração dos 500 anos do descobrimento do Brasil

Jarbas Sousa

Clodoaldo Correia

A Regata de Canoa à Vela evidencia a atuação dos pescadores da cidade de Santarém, que se envolvem numa disputa esportiva, exibindo a técnica desenvolvida no trabalho diário.

Produtos regionais que são vendidos nas feiras livres de Santarém, assim como de qualquer cidade do interior da Amazônia, como molho de pimenta, tapioca etc.

SANTUR

Vânia Maia

Em Alter do Chão o pôr-do-sol pode revelar imagem digna de um quadro pintado.

O aventureiro, optando por Santarém, ao se lançar a descobertas pode se deparar com lugares como esse, em um ponto qualquer.

Emanuel Júlio Leite

Emanuel Júlio Leite

Visão panorâmica da frente de Santarém, revelando o encontro das águas dos rios Amazonas e Tapajós.

O barco é o único meio de transporte para se alcançar as incríveis belezas do rio Arapiuns.

Vânia Maia

Capítulo 5

A Expedição Tapajós

A minha ligação com o Jeep Clube do Tapajós iniciou-se no ano de 95, quando os jipeiros Donaldo Pereira e Emerson Silva convidaram-me a fazer uma reportagem em vídeo para eles. Aceitei o convite para acompanhá-los em uma aventura entre Santarém e Alter do Chão, pela praia. O dia marcado pela equipe foi um sábado, com saída do estacionamento do Iate Clube de Santarém.

Ao longo do caminho, marcado por algumas paradas, pude perceber que o tipo de atividade em que os jipeiros estavam envolvidos poderia ser muito interessante no futuro. O passeio pela praia revelava um cenário fabuloso do rio Tapajós, provocando um contato estreito com a natureza. Foi quando conversei com alguns deles, e indaguei se pretendiam se organizar para colher frutos com aquela atividade. A resposta foi positiva. Disseram-me que aquele trajeto era somente um dentre muitos.

Segundo eles, existiam outras alternativas que não somente praias. A paixão maior deles é o mato, lama e o exercício do espírito de equipe. Sabendo desse tipo de pensamento, coloquei-me à disposição para contribuir no que fosse preciso. Uma das minhas funções, a partir daquele momento, era divulgar as ações dos jipeiros. Além do mais, eles passaram a também realizar um trabalho voltado para o lado social, ajudando a diminuir a má impressão que a população fazia deles.

Vez por outra, estavam envolvidos em campanhas de vacinação em regiões de difícil acesso, que são muitas no interior do município. Na verdade, os jipeiros de Santarém são, na maioria, empresários, e que têm no esporte um lazer.

Em 96 aconteceu a decolagem com o sucesso do II Raid Ecológico do Cuamba, no mês de abril. O evento rendeu muito espaço na mídia de todo do Estado do Pará, e muitos jipeiros da capital participaram da aventura. O Brasil também ficou sabendo das peripécias do Jeep Clube do Tapajós. Portanto, o início da nova trajetória não podia ser melhor. De uma hora para outra, Santarém entrou no circuito nacional da aventura. A revista especializada em aventura "4x4 e Cia" (edição 31), de São Paulo, também deu a maior força para o evento.

A cruzada dos bandeirantes modernos

No mês de janeiro, a revista "4x4 e Cia" esteve acompanhando mais um evento Off-Road que aconteceu na parte alta do Brasil, a Amazônia brasileira.

Convidada por jipeiros de Santarém, a equipe da "4x4 e Cia", empreendeu junto aos organizadores, assim como membros do Jeep Clube da Amazônia, de Belém, uma emocionante expedição até Monte Alegre (PA), passando ainda pela bela cidade de Alenquer.

A concentração foi feita na praça de São Sebastião, que fica de frente para o rio Tapajós, local da antiga prefeitura de Santarém, onde atualmente opera um museu folclórico e de tradições locais, ao lado de um antigo colégio fundado por jesuítas. Aliás, Tapajós dará também nome ao Jeep Clube, que o pessoal de lá pretende formar em breve homenageando assim o rio que banha sua cidade.

Durante a madrugada, o comboio partiu da praça, dando um pequeno passeio pela cidade antes de se dirigir à balsa que faria a travessia pelo rio Tapajós, numa viagem de três horas, onde adentraríamos o rio Amazonas até à costa do Tapará, uma pequena localidade, e de lá até ao local indicado para o início da trilha.

Ainda no rio o primeiro percalço: uma bomba que faz a refrigeração do motor da balsa, entupiu-se pela grande quantidade de vegetação (capim) na água, e dois tripulantes tiveram que descer, enfrentando a forte correnteza do rio, para tirar o capim da entrada da bomba, e assim prosseguirmos viagem.

Chegamos ao Tapará por volta de 4:30 da manhã, onde esperamos ainda na balsa até as 6 horas da manhã, quando o Sol começou a revelar as formas harmoniosas da região.

O local de nosso desembarque foi Santana do Tapará, de onde prosseguiríamos até Alenquer, passando pelo ramal do Cuamba, espécie de elo de ligação entre duas estradas, onde se encontram várias bifurcações para vilarejos de regiões próximas, de acessos difíceis e conhecido dos jipeiros locais com "bicho-papão".

Depois de enfrentarmos muitos declives, atoleiros e igarapés, assim como alguns probleminhas de ordem técnica (pneus furados...) chegamos a Alenquer às 16 horas. Essa cidade, que só é acessada via rio Amazonas ou por avião, fica a Oeste do Estado do Pará, e é conhecida como "Cidade dos Deuses". De lá, viajamos mais 58 quilômetros até ao Vale do Paraíso, que como o nome diz, parece ter saído de um sonho, com três cachoeiras deslumbrantes destacando-se de toda a geografia local, que não é propícia a este tipo de formação. Um oásis para os moradores e visão fenomenal para os visitantes. Depois de tanta beleza seguiríamos para Monte Alegre, outra cidade de gente simpática e hospitaleira, ladeada e abençoada por um rio, chamado Gurupatuba. Depois de conhecermos um pouco a região (fomos passear, é claro!), retornaríamos agora em total ritmo de turistas, conhecendo e observando todos os detalhes do rio (até o boto cor-de-rosa nós vimos) desta afastada região do Brasil."

***

Após o estouro do Raid do Cuamba, pensei que esperar um ano seria tempo demais. Foi quando tive a idéia de criar um evento. Pensei na trilha Santarém/Alter do Chão/Maguari, pela praia. Por que não? Alter do Chão é uma praia famosa em todo o Brasil; Maguari acabara de ser exibida no "Fantástico"; Santarém era a porta de entrada da aventura. Pedi, então, uma reunião com o Jeep Clube do Tapajós. Disse-lhes que não queria dinheiro para nada, apenas o apoio dos jipeiros para a realização do evento. Gostaria de contar apenas com o envolvimento da classe.

Decidi alçar um vôo bem alto. De Santarém a Porto Alegre, para iniciar a divulgação de um evento, que tinha como meta começar grande. Fazer barulho no eixo Sul-Sudeste para o raio de ação ser ampliado.

Antes da viagem fiz questão de colocar na bagagem algumas fotografias das cidades, recortes de jornais e revistas. Mas um jornal em especial guardei com carinho: a "Folha de S. Paulo", Caderno de Turismo, do dia 26 de outubro de 1995. A matéria era assinada pelo jornalista e escritor Marcelo Rubens Paiva, autor do livro "Feliz Ano Velho".

Beleza de Alter é cinematográfica

Um dos lugares mais bonitos do mundo está no Brasil, a 40 minutos de estrada asfaltada de Santarém (duas horas de barco). Trata-se de Alter do Chão, no Pará.

Foi cenário do filme "Medicine Man", de documentário de Jacques Cousteau e, agora, das filmagens de clipe de Michael Jackson.

Alter do Chão é uma vila onde moram mil pessoas, entre o rio Tapajós e o Lago Verde. Uma música não sai da cabeça: "O melhor lugar do mundo é aqui e agora". A visão é inacreditável.

Não se sabe para onde olhar: a floresta, o azul do Tapajós, a areia, o lago, o pôr-do-sol ou as mil estrelas. A anarquia de cores arrancaria o fôlego de um pintor.

* * *

Com o recorte deste jornal, tinha a meu favor uma arma poderosa. Afinal, o que estava escrito não era fruto da imaginação de alguém vinculado à Santarém, como eu, mas saído da cabeça de Marcelo Rubens Paiva, uma figura consagrada nos meios literários do Brasil. Em tese, tinha o que mostrar toda vez que tivesse contato com algum jornalista. Na expectativa de dar certo, deixei Santarém para trás.

Em agosto de 96 parti em direção a Porto Alegre, no Rio Grande do Sul. O meu objetivo era fazer o maior barulho possível na imprensa do eixo Sul-Sudeste. Passei em Torres, no litoral gaúcho, Florianópolis (SC), Curitiba (PR), São Paulo, Rio de Janeiro, Brasília e Belém. Eu tinha em mente que se alcançasse êxito em Porto Alegre, as chances de abrir espaços na mídia do restante da viagem seriam aumentadas. Quando o jornal "Zero Hora" aprovou a pauta, senti que a empreitada começava bem. O jornal gaúcho concedeu duas páginas para o evento, que até àquele momento chamava-se Trilha Santarém/Alter do Chão/Maguari pela praia. Observa-se que o evento ainda nem tinha nome.

Zero Hora

Caderno Viagem, do dia 13 de agosto de 1996.

Santarém oferece roteiro ecológico

Apesar da distância em relação a muitas capitais, a cidade aposta em suas belezas naturais e no turismo

Distante mais de 3 mil quilômetros de Porto Alegre, a cidade de Santarém, no Pará, é como se fosse um outro país. Desconhecida da maioria dos brasileiros, ela agora pode se tornar um novo foco turístico graças ao esforço de Emanuel Júlio Leite, um administrador de empresas que resolveu assumir a tarefa de divulgar a cidade pelo Brasil. Hoje trabalhando na firma de distribuição de revistas da família, Leite quer incentivar o crescimento da região, como aconteceu anos atrás, quando o comércio do ouro gerado pelos garimpos fazia de Santarém um local de riqueza fácil e trabalho farto. "Com o Plano Collor, o comércio diminuiu", lembra Leite. Ele mesmo trabalhou no garimpo, no período de 1987 a 1990. Agora, a cidade se limita a ser um entreposto comercial. Por isso, Leite aposta no turismo.

Contando com o apoio de uma agência de turismo da cidade, uma Universidade e alguns descontos em passagens aéreas, ele distribui fotografias e boas lembranças de sua terra em revistas e jornais. Diz que não tem intenção de virar político, mas já começa a conquistar alguns votos dos turistas interessados no ecoturismo. Está organizando um grupo para fazer um roteiro ecológico nos dias 9 e 10 de novembro deste ano. Os interessados poderão alugar um jipe ou um barco e seguir a trilha que vai de Santarém até Alter do Chão e Maguari. No dia 8, será feita uma grande festa para reunir os participantes de todo o Brasil inscritos no roteiro.

Na noite de 9 para 10 de novembro, na praia de Alter do Chão, uma outra festa vai congregar os visitantes, que poderão dançar as músicas típicas da região: o carimbó e o boi. Como na praia existem apenas três pousadas, os turistas deverão se preparar para dormir ao relento - na própria praia - , ou no barco. Na mala, devem levar roupas adequadas a uma temperatura elevada: em novembro costuma fazer em torno de 32 graus centígrados. A comida tradicional é o peixe, e há opções de sobra, como o pirarucu, o tambaqui, o tucunaré e o acari.

Não perca as cidade vizinhas

Localizada entre Manaus e Belém, a cidade de Santarém durante muito tempo foi considerada um patinho feio na região - mais por falta de divulgação do que pela ausência de belezas naturais. Infra-estrutura não é o forte da cidade, embora a Varig mantenha ali o Hotel Tropical, classificado pela Embratur como quatro estrelas. De Santarém é possível ver o encontro das águas do rio Amazonas com o Tapajós, e isso já justificaria um passeio. Na região, as distâncias são medidas quase sempre por horas de viagem de barco. A oito horas de barco, está Monte Alegre, local em que o homem teria desembarcado pela primeira vez ao chegar às Américas. Para conferir de perto essa teoria, vale uma visita à caverna da Pedra Pintada, na Serra do Paituna.

A quatro horas de barco de Santarém está Alenquer. A dois dias de viagem de barco fica Parintins, onde, durante o mês de julho, é típica a festa folclórica do Boi-Bumbá. Realizada dentro de um bumbódromo, reúne os simpatizantes de duas torcidas: a do Garantido e a do Caprichoso. Nas cidades em que os hotéis não são exatamente o atrativo mais forte, a dica é dormir no barco alugado.

Ironias da região amazônica também estão presentes na praia de Alter do Chão, a cerca de 30 quilômetros de Santarém. O Museu do Índio, localizado na cidade, foi fundado por um americano: David Richardson, casado com a índia Maria Antônia Kaxinawa Richardson. "A região é pródiga em festas de boi", diz Emanuel Júlio Leite. Tem também a cerâmica tapajônica - potes de barro com desenhos pintados. A artesã Dica Frazão, de Santarém, tornou-se conhecida pelas peças confeccionadas com penas de aves.

* * *

De Porto Alegre fui até à cidade de Torres. O meu contato lá foi com a Universidade Luterana do Brasil (Ulbra), através da professora Luciane Pereira, coordenadora do curso de turismo. À noite, fiz uma palestra para cerca de cinqüenta alunos de turismo. Quiseram saber dos motivos que me levaram a tomar aquela posição, e ficaram mais estupefatos quando disse que aquela iniciativa não contava com o apoio do poder público municipal. Foi uma experiência enriquecedora.

De Torres, fui até à capital de Santa Catarina. Em Florianópolis, não consegui espaço em nenhum jornal. Mas tive a oportunidade de rever amigos dos tempos de colégio em Santarém. Em três dias, pude discutir com eles a minha estratégia. É claro que houve discussões, principalmente porque alguns abordavam o ponto de vista político. Outros ficaram sem entender a razão da minha preocupação. No final, disse-lhes que algo deveria ser feito, e que somente dando alguns passos em direção ao objetivo é que os resultados iriam aparecer. A proposta era sair do campo da discussão, das reuniões, do puxa-encolhe. Algo deveria ser feito, pois o tempo não estava à espera de ninguém.

Em Curitiba, encontrei uma situação amplamente favorável à divulgação do evento. O jornal "Gazeta do Povo", através de reportagens, demonstrou simpatia em relação ao trabalho que estava sendo desenvolvido.

Saindo do frio de 11 graus de Curitiba cheguei a São Paulo. Lá, tive tempo para andar muito e fazer vários contatos. Visitei as redações dos principais jornais da capital paulista. Somente o jornal "Diário Popular" concedeu espaço. A matéria foi publicada no caderno Viajar, do dia 7 de novembro, com o título: "Expedição revela belezas de Santarém".

No Rio de Janeiro também não encontrei vida fácil. Andei um bocado. Acabei por ficar uma semana no Rio, em função de uma proposta que recebi da TV Tapajós, para passar por um período de reciclagem na Rede Globo, onde fiz contatos diversos que me ajudaram a expandir os meus horizontes. Na ocasião, conheci um dos produtores do "Esporte Espetacular", chamado Lenildo Cardoso, que terminou por batizar o evento. Lenildo disse: "Por que não colocar "Expedição Tapajós"? Pode dar certo". E naquele momento o evento passava a ter nome.

Brasília foi a próxima parada. O entusiasmo na divulgação passava a não ser o mesmo do início da viagem. É que o dinheiro já dava sinais de escassez. Ao invés de contactar pessoalmente, o telefone era o recurso mais indicado. A economia dos parcos reais era fundamental para garantir a minha volta para casa sem atropelos. Santarém mereceu mais espaço, através da revista "Foco" (edição 15, outubro/96, pág. 72).

Chega de amadorismo

Turismo é coisa séria

Fomos surpreendidos, na redação da "Foco", pela chegada de uma pessoa que se dizia apaixonada por Santarém, no Pará, e que gostaria de falar conosco sobre sua terra e os recantos turísticos que existiam na região... Conhecemos a cidade de Santarém há muito tempo, sabemos que o Hotel Tropical (hoje, Amazon Park Hotel) é de excelente qualidade, e também que, apesar de praticamente desconhecida dos brasileiros, centenas de turistas da Europa visitam a cidade, vindos diretamente para aproveitarem o potencial que é oferecido por Santarém e arredores. Alter do Chão proporciona um inesquecível passeio ecológico e uma praia espetacular. Santarém, com suas cachoeiras e lugares de exuberante beleza, fica no Oeste paraense, facilmente alcançada por estrada de rodagem totalmente asfaltada.

Portanto, a surpresa não foi com as belezas e potencialidades turísticas de Santarém, mas com o fato de uma pessoa chamada Emanuel Júlio Leite, que não tem vínculo nenhum com as autoridades ou empresas de turismo particulares ou oficiais, sair pelo Brasil afora mostrando as belezas de sua cidade, pagando do seu próprio bolso as passagens e hospedagens sem esperar retorno, a não ser ver a bela Santarém incluída nos roteiros turísticos e na opções das agências de viagens; coisa que deveria ser feita pelos órgãos existentes em todos os municípios, que têm a obrigação de divulgar, promover, criar eventos e procurar carrear turistas para suas cidades, ao invés de ficarem fazendo política partidária, alheios a tudo o que seja turismo. Os chefes de governos, tanto estaduais como municipais, com raríssimas exceções, vêem a secretaria, departamento ou empresa de turismo, como um lugar para colocar amigos, amantes ou políticos derrotados, esquecendo, ou melhor, não sabendo o que pode render o setor, se bem administrado. Temos exemplos: Bahia, Ceará, Alagoas, Santa Catarina e Minas Gerais vivem cheios de turistas devido ao trabalho de eficientes profissionais que vivem do turismo e para o turismo. Os outros Estados nem são mencionados nacionalmente como destinos turísticos

São necessárias promoção, divulgação, propaganda, criatividade e experiência para se dirigir qualquer órgão de turismo, quer particular ou oficial. Os que mais aparecem são os particulares, cujo empenho é visto por todos. Temos algum evento devido à promoção, feita por empresas que vivem do turismo, e procuram dar um tratamento digno e um atendimento condizente com a educação do nosso povo. Fazer turismo não é explorar o turista como fazem no Brasil, a começar pelos motoristas de táxi e terminando nos hotéis (os mais caros do mundo, e com atendimento que deixa a desejar). Turismo é coisa séria.

* * *

Psicologicamente, ao chegar a Belém, já me sentia em casa. Deu tempo para conquistar espaço no jornal "O Liberal". Menos de 24 horas depois já estava dentro de um barco, para a viagem de três dias rumo a Santarém. Na volta, pude refletir sobre o que estava fazendo. Foi uma decisão muito difícil do ponto de vista pessoal, pois estava acreditando em algo em que a maioria das pessoas que estavam à minha volta vê uma tacada de alto risco. Os meus pais acreditavam que a minha iniciativa não contava com apoio oficial, e que por isso o cansaço iria me derrotar. Foram três dias em que pude descansar e pensar. Tive a certeza do dever cumprido, mas faltava ainda uma longa jornada para fazer do evento um sucesso.

Um dos passos importantes foi a formação de uma comissão organizadora, toda ela composta de voluntários, que juntamente com os jipeiros, iria dividir as responsabilidades na distribuição das tarefas. Os jipeiros cuidavam da parte operacional. Os voluntários, compostos de jornalistas, agentes de viagem e publicitários, se encarregaram de ajudar a fazer barulho, oportunizar espaços na imprensa local e nacional e buscar patrocínio internamente para bancar as despesas de pequena monta.

Na Expedição Tapajós 96, a cidade, literalmente, se envolveu. A Associação Comercial de Santarém recebeu a equipe de organização do evento para saber de que forma poderia atuar. Foi quando ficou estabelecido que a instituição daria uma sala nas dependências da Associação e uma linha telefônica durante o período que durasse o trabalho de divulgação. Aliás, a divulgação encontrou muitas dificuldades, já que recursos praticamente não existiam. Por esse motivo, o apoio prestado pela ACS, com o aval do então presidente, Milson Pereira, foi de fundamental importância para que os trabalhos fossem desenvolvidos. O Sindicato dos Lojistas de Santarém (Sindilojas) e o Clube de Diretores Lojistas (CDL) também contribuíram. A Prefeitura Municipal de Santarém, naquela ocasião, não participou.

A confirmação do êxito da estratégia aconteceu no ano seguinte. A Rede Globo, através do jornalista Francisco José, fez a cobertura jornalística do evento. A matéria foi exibida no "Jornal Nacional", numa segunda-feira. Foi um prêmio por todo o esforço dispendido por um grupo de pessoas já empenhadas em contribuir para o desenvolvimento do turismo em Santarém.

O mais importante nesse processo todo era a adesão das pessoas. A determinação de todas era no sentido de fazer a cidade aparecer bem. Embora, no caso da "Expedição Tapajós", o evento não ser ecologicamente muito correto, naquele momento específico o movimento dos jipeiros mostrou-se interessante para atrair a atenção da mídia nacional. Além da Rede Globo, o Amazon Sat também mandou uma equipe cobrir a aventura. Ou seja, Santarém esteve na mídia de forma expressiva. A intenção de fazer Santarém mostrar o seu lado natural, encantador, tinha dado certo. A impressão de que o Brasil não conhecia Santarém diminuía um pouco.

Naquele momento o fundamental da estratégia era: fazer Santarém aparecer. Há de se levar em consideração que nenhuma outra atividade rendeu mais matérias para Santarém do que a atividade dos jipeiros. O fato importante é que toda vez o destaque ficava por conta de praias de água doce, o verde da mata, igarapés, trilhas etc. A cidade ganhou fama além dos limites do Estado do Pará. Santarém ganhou *status* entre os aventureiros de todo o país. Hoje, vários grupos de jipeiros de todo o Brasil colocaram Santarém em seus roteiros. Não dá para dizer que a cidade não ganhou com o barulho da "Expedição Tapajós".

E antes que o ano de 96 terminasse, o jornal "O Liberal", na edição de domingo (revista "Troppo", 10 de novembro), dispensou duas páginas para os jipeiros santarenos, fortalecendo o *status* de grandes aventureiros da Amazônia.

Além da estrada

Santarém larga na frente em busca de aventura e tem planos de atrair jipeiros de todo o Brasil apostando no turismo ecológico

Sempre na trilha de novas emoções e a cada uma delas descobrindo lugares ainda poucos conhecidos, um grupo de jovens aventureiros tem se reunido cada vez com maior freqüência em Santarém. "A idéia desta equipe é lançar suas aventuras como atração para a prática do turismo aventura", sintetiza Emanuel Leite, relações públicas dos jipeiros.

Um velho e bom jeep, basicamente, é o bastante para se enturmar. O restante fica por conta da coragem e do espírito aventureiro de cada um. Predominantemente, a maior parte dos veículos são jeeps, muito embora sejam aceitos também toyotas e picapes, que ajudam principalmente no transporte de combustível, de oficinas ambulantes e equipamentos necessários para enfrentar com segurança todas as aventuras possíveis.

Os jeeps são veículos capazes de vencer trilhas onde, às vezes, nem mesmo carros-de-bois conseguem passar. "Quem vai de jeep com certeza terá emoções para contar", afirma Jonas Hamad, um dos jipeiros mais experientes.

Muito embora não seja uma associação oficialmente reconhecida, a Equipe 4x4 (que depois deu origem ao Jeep

Clube do Tapajós) reúne cerca de 20 jipeiros que participam com regularidade das aventuras.

"Ainda não somos uma associação, mas estamos em processo de discussão dos estatutos", afirma Emerson Silva, entusiasta da idéia. O número de simpatizantes, porém, é muito maior, e a cada evento a participação cresce. A atividade, no início encarada como simples lazer, foi modificada na tentativa de transformar Santarém num polo para a prática do turismo-aventura.

Competições mesmo, até agora, foram poucas. O objetivo maior da equipe 4x4 é realizar eventos de que a imprensa possa participar, já que os lugares escolhidos para se fazer as trilhas são de beleza ímpar. Foi assim na largada da primeira aventura, quando o grande desafio era vencer todas as dificuldades de uma trilha em pleno inverno amazônico.

O Raid do Cuamba, uma pequena estrada entre a PA-225 e o município de Alenquer, foi a primeira grande experiência destes jipeiros, e ficou conhecido nacionalmente através de uma matéria no programa "Esporte Espetacular". Em 97, o Raid do Cuamba vai acontecer em abril. "Até aqui a idéia tem vingado, mas temos que divulgar para todo o Brasil a vocação de Santarém para o turismo-aventura", diz Emanuel Leite.

Quem não se lembra da reportagem "Praias Selvagens", do programa "Fantástico", da Rede Globo, onde a equipe, superando grandes dificuldades, chegou à praia do Maguari, uma das mais isoladas às margens do rio Tapajós?

Espírito aventureiro

Marcelo Gamboa, um jovem empresário, viu na Equipe 4x4 um bom motivo para liberar seu espírito aventureiro, relaxar das rotinas diárias e participar de todas as trilhas dos jipeiros. O fotógrafo Édson Queiroz é outro desses aventureiros. Capaz de largar tudo para se embrenhar por caminhos tortuosos, Édson, com sua picape Willis, não somente curte as trilhas como aproveita para registrar lugares nunca fotografados. "É sempre uma oportunidade para conhecer novos lugares, de sair da correria da cidade", reconhece Queiroz.

Quase todos casados, os jipeiros sempre fazem questão de levar suas companheiras nas aventuras. "Com elas, as aventuras se tornam mais agradáveis", sentencia Emerson.

Se competir é um bom motivo para agrupar tantos aventureiros, os jipeiros da Equipe 4x4 se uniram num único lema: "Fazer Santarém aparecer", afirma Donaldo Pereira, proprietário de uma revenda de veículos. Como ele, a maior parte dos jipeiros encara essas aventuras como puro lazer.

Sem qualquer retorno financeiro, os jipeiros ainda enfrentam as trilhas como atividade amadorística, mas absolutamente nada, até agora, fez com que eles desistam dessa empreitada. Entretanto, acreditam que quando Santarém ganhar mais espaço na mídia em relação à prática do turismo-aventura, a situação deva mudar. "Por enquanto, estamos somente plantando a idéia", conclui Pereira.

No final do ano de 1996 fui convidado pelo prefeito recém-eleito, Joaquim de Lira Maia, para compor sua equipe de governo como coordenador municipal de turismo. A idéia, a partir daquele momento, era fortalecer a estratégia de divulgação através de reportagens em jornais de circulação nacional e do exterior, de forma sistemática. O objetivo do trabalho continuava de pé, embora dividido com outras atividades que diziam respeito ao mesmo assunto.

*****

Capítulo 6

Santarém - Pará

Diário do Pará, 10 de setembro de 2.000.

A importância de Santarém para o Oeste do Pará

Santarém tem aproximadamente 250.000 habitantes, segundo o Censo/96 do IBGE (Instituto Brasileiro de Geografia e Estatística). É tida como a segunda cidade do Estado do Pará em importância, tanto econômica como estratégica. Pela sua localização geográfica atua como entreposto comercial da região Oeste do Pará.

A economia do município de Santarém já baseou-se na exportação de cacau, borracha, juta, pimenta-do-reino e na exploração de ouro do Vale do Tapajós. Hoje assenta-se na agropecuária, nas indústrias extrativistas e no comércio. As atividades extrativistas ainda são fundamentais para a economia do município e da região, predominando a exploração de madeira e a pesca. Além das indústrias ligadas a estes setores, existem ainda algumas outras, em sua maioria, de pequeno porte, como: torrefadoras de café, olarias, padarias, fábricas de gelo, de sabão, de refrigerantes, de confecções e outras. Segundo dados da Secretaria Municipal de Agricultura e Abastecimento, a atividade comercial ainda absorve cerca de 30% da mão-de-obra economicamente ativa da cidade.

A avicultura, desenvolvida pela empresa Varig Agropecuária S.A., tornou o município auto-suficiente na produção de frangos de corte e ovos, transformando-o, inclusive, em exportador destes produtos para outras praças. A demanda da empresa em produtos agrícolas, utilizados em suas rações, está incrementando também esta atividade, principalmente a cultura do milho, neste e nos municípios vizinhos.

Segundo a Secretaria Municipal de Educação e Desporto (Semed) e a Quinta Unidade Regional de Ensino (URE), Santarém possui 420 estabelecimentos de ensino municipais e 35 estaduais, sendo que na esfera estadual são 379 salas de aula, e na municipal 937 salas. Alunos matriculados no primeiro grau, pré-escola, supletivo e alfabetização em estabelecimentos municipais são 50.785. Em estaduais somam 42.226. Estes dados têm como base o ano de 1999.

No ano de 97, Santarém registrou 3.346 alunos matriculados no terceiro grau. A UFPA contou com 1.353, o ISES/FIT com 1.076 e o ILES/ULBRA com 1.014 alunos. Aliás, nos últimos anos, Santarém está servindo como ponto de atração para estudantes de várias partes da região Norte, e não somente os do Oeste do Pará.

Por sua localização estratégica e por suas belezas naturais, Santarém serve como porta de entrada para o turismo na região, tanto que entre os quatro polos prioritários para o turismo do Estado do Pará, definidos pelo Comitê Estadual do Programa Nacional de Municipalização do Turismo (PNMT), o Polo Tapajós é o principal. A "Pérola do Tapajós" por ter uma maior infra-estrutura, detém um papel fundamental para a alavancagem da atividade turística na região Oeste e mesmo no Estado.

Há de se considerar que a agricultura está em vias de ter um incremento significativo em Santarém e nas regiões circunvizinhas. É cada vez mas crescente o número de empresários do Mato Grosso, por exemplo, à procura de terras para investir no plantio de soja e outras culturas. O progresso do município está atrelado, evidentemente, ao asfaltamento da BR-163 (Cuiabá/Santarém) e à chegada do Linhão de

Tucuruí, que aconteceu em fevereiro de 1999. Com um acesso facilitado e energia com abundância, Santarém se candidata automaticamente a aspirante ao desenvolvimento de forma irreversível.

A ampliação do Cais do Porto é outro ponto de interesse predominante. Santarém vai passar a ser um corredor importante de produtos de outras regiões, já que muitos Estados prefeririam transportar os seus grãos pela região Norte do que enviar suas cargas pela região Sul, que, geograficamente, fica mais distante dos países importadores, como os Estados Unidos e a Europa. Independentemente da ampliação do Cais do Porto, Santarém já exerce a sua influência no setor.

Segundo informações da Infraero, o aeroporto de Santarém está em vias de ser internacionalizado, o que vai possibilitar a operação de aeronaves de maior porte, e abrindo espaço para a passagem de vôos internacionais por Santarém, o que ajudaria a incrementar ainda mais o turismo em toda a região. Vôos *charters* (fretados) poderiam pousar no aeroporto de Maria José com turistas de todos os cantos do mundo atrás, por exemplo, de pesca, de praia, de ecoturismo. Aliás, estes três tópicos são os pontos fortes do turismo da região Oeste do Pará.

* * *

Correio Braziliense, 23 de agosto de 2000.

A cidade dos grandes encontros

Santarém é tida como a "Pérola do Tapajós". Uma pérola que revela os seus encantos através de suas belas praias de água transparente e doce. São dezenas, bem distribuídas às margens dos rios, trocando de nome, mas conservando o bucolismo de verdadeiros recantos amazônicos. Alter do Chão é a mais famosa. Porém, Ponta de Pedras, Jutuba, Maria José, Arariá, entre outras, são igualmente fascinantes. Tudo é uma questão de gosto. Para os que não gostam de badalação, o rio Arapiuns reserva as praias mais isoladas de Santarém. Aliás, a maioria do povo da região ainda não descobriu os seus paraísos selvagens.

Quem chega a Santarém vê-se logo envolvido pela magia do encontro das águas dos rios Amazonas e Tapajós, que correm paralelos sem se misturar, provocando um espetáculo de rara beleza. O azul contrasta com a cor barrenta do maior rio do mundo, deixando inebriados os marinheiros de primeira viagem. Santarém é assim. Sempre tem algo de inusitado a mostrar. Seja pelo espírito hospitaleiro e festivo de seu povo. Seja pela musicalidade aguçada. Seja pelo amor que o santareno tem pela sua terra.

A Embratur (Instituto Brasileiro de Turismo) coloca Santarém como polo ecoturístico, pela diversidade de atrativos naturais. A cidade ainda guarda traços de provincianismo. A culinária é uma referência para o visitante. Ao sair de solo santareno, palavras como tacacá, vatapá, maniçoba e munguzá já estão incorporadas ao vocabulário. As frutas tropicais também dão novo sabor ao período de permanência. O artesanato é rico, revelando os costumes indígenas. Os monumentos históricos retratam um passado repleto de curiosidades.

A obrigação de quem chega a Santarém é conhecer a vila de Alter do Chão, que está se transformando ao longo dos anos num dos lugares mais requisitados pelos amantes da natureza. Afinal, é a praia, além da Festa do **Çairé**, o motivo de tanta procura por parte de turistas do mundo inteiro. O rio Tapajós e o Lago Verde fazem surgir, durante o período de verão, uma imensa barra fluvial, com cerca de um quilômetro, denominada de ilha pelos habitantes da vila. É justamente a ilha, a razão de tanto sucesso de Alter do Chão.

A relação de Santarém com água é fortíssima. Diz-se, na brincadeira, que a maior avenida da cidade é o rio Tapajós, por onde navegam os barcos que transportam a maioria das pessoas que chegam à cidade. Cortada por seis rios, a cidade guarda segredos dignos de qualquer paraíso encantado. Com o privilégio de ser um paraíso encantado da Amazônia.

* * *

A Notícia (Joinville-SC), 13 de dezembro de 2.000.

A riqueza das águas

O Tapajós é a maior avenida. Pelo menos, é o que se diz no afã de enaltecer o rio que banha a cidade. Ele é o segundo em extensão, dentro do espaço do município. Até desaguar no rio Amazonas, em frente a Santarém, ele percorre quase 2.000 quilômetros, cortando a porção central da região, de Sul a Norte. É um afluente da margem direita do Amazonas, nascendo do encontro dos rios Juruena e São Manuel (conhecido como Teles Pires), na divisa dos Estados do Pará, Amazonas e Mato Grosso.

Em Santarém, o rio Tapajós é o maioral. A sua fama é irradiada para o resto do país em função de banhar a praia de Alter do Chão, por exemplo. A sua coloração azul-esverdeada, expõe no verão cerca de cem quilômetros lineares de praias, ao longo de ambas as margens. O Tapajós somente divide a atenção de turistas ao se encontrar com o rio Amazonas, revelando um espetáculo inusitado.

Na verdade, o santareno entende ser o Tapajós o rio da cidade, enquanto que o Amazonas é, além de brasileiro, peruano e colombiano. Mas mesmo assim todos reconhecem o seu valor, pois ele abrange 1/6 de toda a extensão territorial do município. Oferece boas condições de navegabilidade e expõem uma grande riqueza, o pescado. As áreas de várzea revelam uma alta fertilidade natural, tornando o solo rico em nutrientes.

Mas Santarém tem mais quatro rios: o Arapiuns, o Moju, o Mojuí e o Curuá-Una. O Arapiuns é o que mais se destaca por guardar praias belíssimas, que são expostas durante o verão. Já o Curuá-Una tem forte significado econômico, pois nele está localizada a Hidrelétrica de Curuá-Una, na Cachoeira do Palhão, que dista cerca de 72 quilômetros do centro de Santarém. A hidrelétrica, por mais de 20 anos, abasteceu de energia a cidade de Santarém. As bacias dos rios Moju e Mojuí são tributárias da bacia do rio Curuá-Una, e formam juntas toda a malha hídrica existente na chamada "região do Planalto", composta por inúmeros igarapés e rios de pequenos portes, todos convergentes para o rio central, o Curuá-Una.

É da água desses rios que a culinária santarena se abastece. É claro que a carne bovina, a farinha de tapioca, frutos regionais, dentre outros, compõem a mesa do nativo. Mas é o peixe que seduz o paladar dos visitantes. A oferta é recheada de pratos saborosos de peculiar condimentação, caracterizando-se como uma das mais típicas da região, ressaltando a origem indígena e o uso de produtos genuínos da Amazônia. Segundo os mais entusiasmados, o cardápio é peculiar, saboroso e excêntrico.

O pirarucu está entre os mais apreciados. Aliás, é o maior peixe de escamas da Amazônia, chegando a atingir mais de dois metros e cem quilos de peso. Além de saboroso é um peixe escasso, já que sua presença nos mercados é pequena, sendo proibida a sua captura entre os meses de novembro e março. Dois métodos de conservação são utilizados: o gelo e a salga. O seu gosto salgado provocou a comparação com o bacalhau.

Ao procurar uma peixaria nunca esquecer peixes como curimatá, tambaqui, acari, jaraqui e tucunaré. Para mostrar conhecimento, o turista pode pedir, de entrada, o bolinho de piracuí, que é a farinha de peixe (tambaqui, acari e tucunaré) largamente utilizada na cozinha santarena. Ah!, não pode esquecer também do charutinho frito. Assim procedendo, todos vão perceber que o turista está por dentro das coisas.

É também às margens dos rios da Amazônia que é realizada a piracaia, que na língua indígena significa peixe na brasa. Aliás, era uma prática muito comum entre a população ribeirinha. Ao longo dos anos, cidades como Santarém, que foram crescendo, perderam o costume de realizar piracaias. Tradicionalmente, acontecia quando as famílias se reuniam em praias próximas ao centro da cidade para comer peixe fresco. Um pescador era contratado, e se lançava ao rio atrás de peixes da época. Na sua volta, estava garantida a festa, com o devido acompanhamento de farinha, pimenta e cachaça. O peixe era colocado em cuias, sem que o uso da colher fosse necessário. Tudo ao natural. Normalmente, o dia certo para as piracaias eram noites enluaradas. Para completar, um violão e um cantor para entoar cantigas da terra natal. Era o tom exato para acalorar as emoções.

É da água que sai a maior lenda da região, a do boto. É o mito amazônico do delfim maior do rio, que seduz as moças ribeirinhas. Até hoje, segundo alguns nativos, acredita-se que o boto se transforma em gente, ganhando ares de encantamento nas primeiras horas da noite, embora alguns acreditem que à meia-noite. A sua imagem é inconfundível. Usa um chapéu, para esconder um orifício no alto da cabeça, ocultando um forte cheiro de peixe, além de um hálito de maresia. Veste sempre roupa branca e, ao chegar às festas, atrai a atenção das moças mais jovens e bonitas. Sua tática é infalível: primeiro, dança, depois convida as moças para um passeio. Do passeio, a conseqüência é uma gravidez. Em regiões distantes da Amazônia, o boto é sempre apontado como pai das crianças de paternidade desconhecida. O encanto do boto termina quando, antes do amanhecer, pula na água e volta à forma primitiva.

É o rio que facilita a comunicação entre as cidades da região. É a água que dá vida aos sonhos dos caboclos, alimenta as tradições e valoriza a cultura do amazônida. A água representa a maior riqueza de um povo que sofre com a distância dos grandes centros, mas que aposta nos recursos naturais da região para que a riqueza volte a circular de forma sustentável.

Nota:

Segundo o Censo/2000, Santarém possui uma população de 262.672 habitantes. 71% deste total estão concentrados na área urbana da cidade, ou seja, 186.518 pessoas. O restante mora na área rural (planalto e várzea).

As pesquisas do censo foram concluídas no final de dezembro de 2.000.

* * *

Mais informações sobre Santarém

AGÊNCIAS DE TURISMO

Nome	Endereço	Fone	Cep
ÁGUA AZUL TURISMO	Trav. Pedro Teixeira, 169 – Prainha	522-6320	68.005-520
ALTER DO CHÃO TURISMO	Av. Barão do Rio Branco, 404 C – Centro	522-6609	68.005-310
AMAZON TOURS	Trav. Turiano Meira, 1084 –Aeroporto Velho	522-1928 522-2620	68.010-060
AMAZÔNIA TURISMO	Rua Floriano Peixoto, 680 A – Centro	522-6144	68.005-060
AVENTURAS NA AMAZÔNIA	Trav. dos Mártires, 272 - Sala 104 – Centro	523-2435	68.010-540
BELO TURISMO LTDA	Rua Floriano Peixoto, 556 A – Centro	523-3978 522-5616	68.005-060
ÇAIRÉ TURISMO	Rua Siqueira Campos, 167 B – Centro	523-4808	68.005-020
CURUÁ-UNA TURISMO	Trav. 15 de Novembro, 123 A – Centro	522-6611 522-6566	68.005-290
JATÃO PASSAGENS, TUR. E EXCURS.	Av. Barão do Rio Branco, 657 – D Centro	523-5597	68.005-310
JÔ TURISMO	Av. Siqueira Campos, 190 A – Centro	523-3939	68.005-020

JÔ TURISMO (Filial)	Av. Siqueira Campos, 171 A – Centro	523-3636	68.005-020
LAGO VERDE TURISMO	Rua Galdino Veloso, 384 – Centro	522-7577	68.005-070
MUIRAQUITÃ TURISMO LTDA	Trav. 15 de Agosto, 423 – Centro	523-3095	68.005-300
SANTARÉM TUR	Rua Adriano Pimentel, 44 – Centro	522-4847 522-5503 523-1836 523-5140	68.005-550
SANTARÉM VIAG. E TURISMO LTDA	Rua Raimundo Fona, 864 – Liberdade	523-2037	68.040-260
TAPAJÓS TURISMO	Av. Presidente Vargas, 1810 – Santa Clara	522-4820	68.005-110
TAPAM TURISMO LTDA	Trav. 15 de Agosto, 127 A – Centro	523-3946 523-5334 523-5037	68.005-300
TUCUNARÉ TURISMO	Trav. 7 de Setembro, 776 A – Aparecida	522-3803	68.040-540
TURISAN	Trav. Francisco Corrêa, 122 – Centro	523-3853	68.005-280
PAUXIARA TUR. E VIAGENS LTDA	Av. Tapajós, 418 B – Centro	523-8356	68.005-020
PÉROLA TURISMO	Rua Siqueira Campos, 162 - Centro	522-5016 523-5903	68.005-020

GUIAS DE TURISMO

NOME	FONE	E-MAIL
Franklin Chaves	523-2435	franklinchaves@bol.com.br
Jairo Oliveira Miranda	524-3166 9122-0433	jairo@netsan.com.br
Jarlison Silva	522-7432	
	9975-4996	
Jean Marcos Silva	522-4367	
Joaquim Carlos dos Santos	522-2774	
Jorge Cabral	522-7247	
José Luiz Laurido	522-7247	
Nélis Barbosa Pereira	522-3605 522-1604	
Paulo Henrique Melchior	522-7759	phmelchior@bol.com.br
Steven Alexander	522-2620 9122-0238	amazontours@tap.com.br
Waldinor Mota	9975-3256	waldinor@zipmail.com.br
Walter Antônio Silva Viana	523-1747	

LOCADORAS DE VEÍCULOS

NOME	ENDEREÇO	FONE	CEP
BILL CAR - RENT A CAR	Av. Mendonça Furtado, 1603 - Santa Clara	523-2093 522-5380	68.005-100
EDSON RENT A CAR	Av. Borges Leal, 3277 – Caranazal	523-1710	68.040-080
REDE BRASIL	Av. Mendonça Furtado, 2449 - Aldeia	522-2990 522-6027 523-1043	68.040-080
NOMINAL	Av. Rui Barbosa, 2089 – Aldeia	522-3607 522-6521	68.040-080
SANVEL	Av. Mendonça Furtado, 2085 - Aldeia	522-3428	68.040-050
SPEED VAN	Trav. Turiano Meira, 377 – Santa Clara	522-6890 523-1869	68.005-430

PASSEIOS TURÍSTICOS

Passeios Turísticos	Percurso	Duração
PASSEIO EM BARCO REGIONAL	Visita ao Encontro das Águas, Igarapé-Açu e Lago do Maicá, santuário ecológico com diversificada e rica fauna e flora, além da pescaria de piranhas. Em seguida, visita a uma praia do rio Tapajós para banho.	7 horas
PASSEIO FLUVIAL REGIONAL	Visita à Vila de Alter do Chão (Lago Verde, Centro de Preservação da Cultura e Arte Indígena); visita à Comunidade de Maguari (Município de Belterra). A próxima parada é para observar o Encontro das Águas e a região de Várzea, fazendo parada para uma pescaria de piranhas.	3 dias e 3 noites
FLORESTA NACIONAL DO TAPAJÓS	Caminhada na Floresta. **Obs.:** depende de autorização do IBAMA.	8 horas
PASSEIO ECOLÓGICO PELO BOSQUE SANTA LÚCIA	Visita ao Bosque Santa Lúcia, onde o visitante terá a oportunidade de ver mais de 400 espécies diferentes de árvores e palmeiras, incluindo a castanha do Pará e seringueira.	4 horas

ALTER DO CHÃO	Por estrada ou de barco. Visita ao Centro de Preservação da Cultura e Arte Indígena; lojas de artesanato, caminhada na Vila ou Nadar nas águas do Lago Verde ou do rio Tapajós. **Obs.:** 4 a 6 horas Amazon Tours – via Terrestre e 6 horas via fluvial	7 horas (por via terrestre) 8 horas (por via fluvial)
CITY TOUR	Porto Regional; Mercado Municipal; Catedral de Nossa Senhora da Conceição; Lojas de Artesanato; Centro Cultural João Fona.	2 horas e 30 minutos, 3 a 4 horas, 3 horas.
FAZENDA TAPERINHA	Visita ao Encontro das Águas, rio Maicá ou Ituqui até chegar à Fazenda. As atividades na Taperinha inclui uma visita à Casa do Barão, aos sambaquis, resíduos de mexilhões e caminhada na floresta.	8 a 12 horas ou pernoite na casa do Barão de Santarém
RIO JARI	Visita ao Encontro das Águas e ao rio Jari.Em seguida visita à Vila de Arapixuna.	8 horas
ENCONTRO DAS ÁGUAS	Passeio de barco até o fenômeno do encontro das águas verde-esmeralda do rio Tapajós e as argilosas do rio Amazonas, localizado em frente à cidade de Santarém. Visita ainda, ao Igarapé Açu, com suas paisagens típicas de várzeas e seus habitantes. **Obs.:** O City Tour da Amazon Tours não inclui visita ao Igarapé Açu.	3 horas, 1 hora, 3 horas.

LOJAS DE SOUVENIRS

Nome	Endereço	Produtos
Casa do Artesanato	Praça do Pescador. 69 -A Centro	Cestaria, cerâmica, produtos de madeira, quadros, artigos para decoração, bijouterias, artigos indígenas, materiais de balata, cuias pintadas
Regional Muiraquitã	Rua Senador Lameira Bittencourt, 131 – Centro	Cestaria, vestuário, artigos para decoração, cerâmica, bijouterias, quadros, acessórios, painéis, doces, licores.
Regional Uirapuru	Av. São Sebastião, 528 – Santa Clara	Artigos indígenas, cestaria, - artigos de decoração, quadros, acessórios, cerâmica.

HOTÉIS

Nome	Endereço	Fone	Capacidade
AMAZON PARK	Av. Mendonça Furtado, 4120 - Liberdade	523-2800 522-2631	Apto: 121 Suítes: 01 (pres.) Leitos: 244
SANTARÉM PALACE	Av. Rui Barbosa, 726 - Centro	523-2820 522-1779	Apto: 43 Leitos: 80
BRASIL GRANDE	Trav. 15 de agosto, 213 - Centro	522-5660 523-1986 522-1779	Apto: 17 Leitos: 40
EQUATORIAL	Trav. Silvino Pinto, 14 - Santa Clara	522-1135	Apto: 07 Quartos: 19 Leitos: 59
ALVORADA	Rua Senador Lameira Bittencourt, 179 - Centro	522-5340	Apto: 04 Quartos: 06 Leitos: 23
BRASIL	Trav. dos Mártires, 30 - Centro	523-5177	Quartos: 14 Leitos: 28
BEIRA RIO	Av. Adriano Pimentel, 90 – Centro	522-2519	Quartos: 10 Leitos: 20

ENCONTRO DAS ÁGUAS	Av. Adriano Pimentel, 134 – Centro	523-4312	Apto: 03 Suíte: 01 Leitos: 09
MISTURA BRASILEIRA	Av. Tapajós, 23 - Centro	522-4819	Quartos: 07 Leitos: 13
UNIVERSAL	Av. Cuiabá, 1210 Liberdade	523-2169 523-1554	Apto: 17 Leitos: 28
HORIZONTE	Trav. Senador Lemos, 737 - Centro	522-5437	Apto: 06 Quartos: 08 Leitos: 22
MIRANTE	Trav. Francisco Corrêa, 115 – Centro	523-3054 523-3692 523-5578	Apto: 24 Leitos: 47
NEW CITY	Trav. Francisco Corrêa, 200 - Centro	522-3764	Apto: 20 Suítes: 03 Leitos: 30
RIO DOURADO	Rua Floriano Peixoto, 799 - Centro	523-2174 523-4187	Apto: 25 Leitos: 45

ÓRGÃO OFICIAL DE TURISMO

Agência de Desenvolvimento do Turismo de Santarém (SANTUR)	523-2434

* * * * *

Capítulo 7

Alter do Chão e a Festa do *Çairé*

Amazonas em Tempo (Manaus), 7 de janeiro de 2.001.

Alter do Chão
Uma pérola na Amazônia

A maioria das pessoas que chega a Santarém quer conhecer Alter do Chão. Já ouviram falar, encantaram-se com fotografias, ou souberam sobre o **Çairé**. Enfim, motivos não faltam para procurar a antiga vila dos índios borari.

Na verdade, Alter do Chão é um distrito do município de Santarém. Corresponde a 7% do espaço municipal. O acesso à vila dá-se por via terrestre ou fluvial. No primeiro caso, é utilizada a rodovia PA-457, que apresenta boas condições de trafegabilidade. 40 minutos entre Santarém e Alter do Chão é o tempo de uma viagem sem atropelos. Em linha reta, são 27 quilômetros. No asfalto, com todas as curvas do caminho, 35 quilômetros, com direito a curtir as peculiaridades às margens da estrada. Já de barco, 2 horas entre um ponto e outro, permitindo-se conhecer as principais praias da margem direita do rio Tapajós.

Cerca de 2.200 pessoas moram na vila, que ocupa uma superfície de 80 hectares. Segundo dados oficiais do IBGE (1996), em todo o distrito moram 5.793 habitantes.

A infra-estrutura básica é ainda incipiente, embora a atual administração municipal esteja empenhada na priorização de investimentos que contemplem os setores de educação, saneamento, saúde e meio ambiente, entre outros. A adoção de políticas públicas voltadas para a melhoria da qualidade de vida está entre as ações fundamentais que visam a atrair um número cada vez maior de turistas para Alter do Chão. Segundo o Censo/96, existem na vila cerca de 430 imóveis residenciais, sendo que metade dos quais pertence a veranistas.

Existe na vila um posto de atendimento médico, prestando atendimento de emergência e assistência ambulatorial básica. O posto funciona diariamente, no período de 8 às 17 horas. O sistema de educação instalado na vila é de responsabilidade exclusiva da Prefeitura, que ali mantém duas escolas de ensino fundamental, abrigando um total de 634 alunos.

Olhando no mapa, Alter do Chão pode estar longe, dependendo da região em que você esteja. Mas ao chegar à vila, o turista não vai sentir dificuldades de se comunicar com o resto do mundo. Ali funciona o serviço telefônico convencional, além do móvel (individual). Na vila, até o final do ano de 99, existiam 7 orelhões. Tem ainda um posto de serviço da Empresa de Correios e Telégrafos. Desde o início de 99, com a conclusão do Projeto Tramoeste, Alter do Chão passou a ser abastecida com a energia produzida pela Hidrelétrica de Tucuruí.

É a praia o motivo de tanta procura por parte de turistas do mundo inteiro. O rio Tapajós e o Lago Verde fazem surgir, durante o período do verão, uma imensa barra fluvial, com cerca de um quilômetro, denominada ilha pelos habitantes da vila. É a ilha que desperta a paixão dos visitantes, que a cada ano chegam em número maior. É um feitiço que encanta aos amantes da natureza. O primeiro contato visual é de arrancar suspiros. Seja de santareno, paulista, inglês, japonês...

Catraia

Alter do Chão é daqueles lugares em que as pessoas se encantam à primeira vista. É, na verdade, um pequeno vilarejo escondido em um ponto da Amazônia. Só que a grandiosidade de sua beleza é sempre motivo de comentários elogiosos. Não há quem conheça Alter do Chão, que não queira voltar. O fator de atração pode ser o Sol, a praia, o povo. Enfim, motivos não faltam.

Também é verdade que, além da praia, existem outros atrativos. É o caso do Lago Verde, da Serra Piroca, da Festa do Çairé, do Museu do Índio. Para cada gosto, um motivo. Não dá para desconhecer, porém, o trabalho dos catraieiros. São eles que realizam o transporte dos turistas entre a vila e a "ilha". Entre um ponto e outro as catraias se movimentam, garantindo renda para os seus integrantes (a travessia custa um real). Ao longo dos anos, a catraia se transformou em atração turística.

Aliás, a catraia (ou canoa) é o meio de transporte mais autêntico da Amazônia, principalmente na primeira metade deste século passado, quando as pequenas embarcações eram o único transporte da região. Os catraieiros são remanescentes dos pescadores de Alter do Chão. Hoje, a antiga vila de pescadores se volta para o turismo, e os pescadores tentam se encaixar nos novos tempos.

* * *

Diário de Coimbra-Portugal, 23 de abril de 2.000.

Festa portuguesa na Amazônia

Correio Braziliense, 23 de agosto de 2.000.

Botos Sedutores

Desde 97, a segunda semana de setembro não tem sido mais a mesma na vila balneária de Alter do Chão, que fica a 32 quilômetros de Santarém. A antiga vila dos índios borari se envolve na Festa do **Çairé**, um evento com tradição de mais de 300 anos, que foi criado como forma de os silvícolas homenagearem os portugueses. Segundo relatos históricos, os índios teriam confeccionado o "çairé", um semicírculo de madeira, imitando os escudos usados pelos colonizadores, contendo as cruzes que simbolizavam o mistério da Santíssima Trindade. Essa seria a origem do caráter religioso da festa. Outra vertente diz que a origem do *çairé* é atribuída aos frades jesuítas, que teriam criado o símbolo para ajudar na catequese dos índios. A Festa do *Çairé*, é uma mistura de elementos religiosos e profanos.

Com o passar dos anos, houve aprimoramentos. Além do lado religioso, o folclórico também passou a ter uma atenção especial por parte da Comissão Organizadora e Coordenadora do Festival Folclórico do **Çairé**, composta por pessoas que moram em Alter do Chão, que tem 2.200 habitantes. Ganharam espaço os botos Tucuxi e Cor-de-Rosa, que se transformaram numa atração à parte nas noites de quinta, sexta e sábado. As apresentações são baseadas na lenda do boto, uma das mais genuínas da região Norte do país. Na quadra da Praça do **Çairé**, construída em 97 para receber um público maior, entram em cena as performances dos dois botos, que, segundo a lenda, são conhecidos pelo poder de sedução, e que costumam encantar as moças solteiras e casadas todas as vezes que deixam o rio, encarnando a figura galante e sedutora.

O fim de noite costuma ser marcado por shows de bandas musicais de expressão regional e nacional, como a Bamdamel, a principal atração do ano passado. Os shows, segundo a direção da festa, servem apenas para completar a programação, que se propõe a agradar diversos gostos. "Quem prefere o lado religioso tem o seu espaço. Os que gostam de folclore entram no clima de disputa dos dois botos. Já os que preferem o agito das bandas costumam chegar no final da festa, só pra dançar. No **Çairé**, há espaço para todos", é o que afirma Cleuton Sardinha, presidente da Comissão Organizadora e Coordenadora do Festival Folclórico do Çairé .

"O crescimento que a Festa do **Çairé** experimentou nesses últimos 3 anos foi fruto de planejamento e organização", garante o prefeito de Santarém, Joaquim de Lira Maia. "Até 96, o evento era inteiramente conduzido pelos moradores da vila. Foi então que resolvemos unir esforços (poder público e comunidade) para que a festa ficasse conhecida nacionalmente. É o que estamos conseguindo" afirma o vice-prefeito Alexandre Von. Segundo eles, uma das primeiras modificações implementadas foi a troca do período do evento, que antes acontecia no mês de julho. Passou para setembro, numa época de verão na Amazônia, e é quando as praias de água doce chamam a atenção de turistas de vários lugares do país e até do exterior. A beleza de Alter do Chão tem prestígio nacional. A grafia mudou de s para ç, reforçando a estratégia de marketing, que acabou por causar polêmica, pois na língua portuguesa não existe palavra que comece com cedilha. A mudança de grafia é legítima, segundo o dicionário do folclorista Câmara Cascudo, uma vez que çairé provém da língua indígena nhengatu.

Para o ano de 2.000 a Coordenadoria de Turismo-Comtur, o órgão oficial do turismo municipal, está programando importantes produtos a serem lançados para reforçar a divulgação do evento. Até o final do mês de abril vai ser distribuída, entre as agências de viagem e a imprensa do país e até mesmo a de Portugal, a fita de vídeo da Festa do **Çairé**.

A vila de Alter do Chão vai servir de anfitriã. Aliás, o nome da vila foi dado pelos portugueses à época da colonização. É que o governo português adotou como medida utilizar nomes de cidades portuguesas às missões que passavam à categoria de vila. A ordem foi cumprida em 1758 por Francisco Xavier de Mendonça Furtado, acatando a orientação de Dom José, o então rei de Portugal. Alter do Chão conservou a cultura portuguesa, mas guarda uma beleza tipicamente amazônica. Possui dotes oferecidos por Deus, um cenário encantado. O vilarejo tem casas simples, misturadas com construções modernas. É um recanto que merece ser conhecido. Quem sabe, durante a Festa do **Çairé**.

Antes de chegar a Alter do Chão, a parada obrigatória é Santarém, que segundo o último Censo tem aproximadamente 250.000 habitantes. É a principal cidade do Oeste do Pará, e servida com vôos diários a partir de Belém e Manaus. Santarém é conhecida também pelo magnífico encontro das águas dos rios Amazonas e Tapajós, que acontece bem em frente à cidade.

"Correio Braziliense", 23 de agosto de 2.000.

Eu recomendo

Vamos dizer que você queira conhecer Santarém durante a Festa do "Çairé". Existe uma porção de coisas para fazer durante o dia. O agito em Alter do Chão só acontece à noite.

Eu recomendo que o turista conheça a praia de Ponta de Pedras, que é um lugar lindíssimo. Existem barraquinhas que vendem peixe frito, que é demais. De lá, não custa nada dar uma esticada até o Lago do Tapari, que apresenta um cenário de cartão postal. Isso pode ser feito entre a manhã e a tarde.

Em outro dia, se você estiver em grupo ou formar um de última hora, é só alugar um barco para conhecer o encontro das águas dos rios Amazonas e Tapajós. Inclua no roteiro um passeio até o lago do Maicá, que é uma chance incrível de conhecer o lado belo da natureza amazônica.

Só que ir a Santarém e não conhecer a culinária local é o mesmo que não ter vindo aqui. Existe uma peixaria chamada Piracatu, que é show de bola. Sem medo de errar, peça qualquer prato de pirarucu, tambaqui e tucunaré que você não se arrepende. Uma garantia: você vai voltar sempre. Eu recomendo.

EM ALTER DO CHÃO

Onde ficar	
• Pousada Alter do Chão	(91)527-1215
• Pousada Tupaiulândia	527-1157
• Pousada Tia Marilda	527-1141
• Pousada Vila da Praia	527-1138
• ABC Pousada	527-1148 / 522-6524
• Pousada Cunhã Borari	527-1216
• Pousada do Mingote	527-1158 / 527-1198
• Beloalter Hotel	527-1230

Onde comer		
• Restaurante Alter do Chão	527-1215	80 lugares
• Restaurante e Lanchonete Alternativo	527-1160	70 lugares
• Lanchonete e Bar do Beré		160 lugares
• Restaurante Lago Verde	522-6260	150 lugares
• Lanche Lago Verde	522-6260	20 lugares
• Restaurante e Lanchonete Muiraquitã		40 lugares
• Restaurante Oriental	527-1184	15 lugares
• Restaurante da Jô		32 lugares
• Restaurante Tribal		40 lugares
• Restaurante Vila da Praia	527-1138	24 lugares

Onde comprar		
• **Araribá**	527-1131	artigos indígenas, cestarias, quadros, bolsas, vestuário, artigos para decoração, pedraria, CD's.
• **Arte Cerâmicas**	527-1188	artesanato em pedra, indígena, bijouterias, cestarias, plantas, ornamentais, cerâmica etc.
• **Art Grupo Lago Verde**		artesanato, doces e licores.
• **Art Nativa**	527-1162	quadros, bolsas, chapéus, (comunitário) cerâmica, vestuário, acessórios, bijouterias, artigos para decoração etc.
• **Associart**		artesanato, doces e licores.

Obs.: em Santarém, imobiliárias alugam residências por temporada na vila de Alter do Chão. Principalmente, durante a Festa do **Çairé**.

O que visitar	
• **Igreja de Nossa Senhora da Saúde**	Igreja cuja construção foi iniciada em 1886, em estilo colonial, e inaugurada em 1906.
• **Centro de Preservação da Arte Indígena (Museu do Índio)**	Abriga uma coleção de mais de 1.500 peças originais de diversos povos silvícolas de todo o Brasil. O Centro oferece uma programação dirigida ao público.
• **Praça do Çairé**	O início da construção ocorreu em 1997, com o objetivo de efetivar um centro cultural voltado para as atividades folclórico-culturais da comunidade.

* * *

Diário do Pará, 30 de dezembro de 2.000.

Os portugueses (ainda) não vieram

Os portugueses de Alter do Chão estavam arrumando as malas com o objetivo de zarpar, ou melhor, voar para o outro lado do Oceano Atlântico. O grupo, que estava sendo formado, agendou Santarém como opção turística para as suas férias, com a possibilidade de, além de conhecer o rio Tapajós, dar um mergulho no passado. É como se alguns laços fossem ser resgatados. E o local escolhido não poderia ser mais interessante.

O destino do grupo era a Amazônia, mais precisamente a cidade de Santarém, que Pedro Teixeira, o grande navegador português do século XVII, conheceu em 1626, e manteve bom relacionamento com os índios, graças também à interveniência do frei Cristovam de São José, que conhecia como poucos a língua falada na aldeia. Já naquela altura, a aldeia dos Tupaiu (depois chamada Tapajós) era a mais desenvolvida da região e tinha cerca de quinhentas famílias. Pedro Teixeira, diga-se, é tido como o descobridor do rio Tapajós. Aliás, o rio Tapajós banha Santarém, que hoje tem uma população de 262.000 habitantes, sendo a cidade mais importante do Oeste do Pará, além de ser a porta de entrada do principal polo turístico do Estado do Pará.

No contato dos alterenses com a nova terra iriam saber da participação de mais de três figuras portuguesas importantes da metade do século XVIII, e que têm uma vinculação forte com a região. São eles: o então rei de Portugal, dom José I, o Marquês de Pombal, Ministro dos Negócios Estrangeiros, e Francisco Xavier de Mendonça Furtado, governador do Estado do Grão-Pará e Maranhão. É que naqueles tempos, a Amazônia mantinha estreita ligação com Portugal e as determinações provinham de Lisboa. Enquanto o Marquês de Pombal arquitetava, ao seu irmão Mendonça Furtado cabia a execução. Foi do Marquês de Pombal a ordem de expulsar os padres (missionários) da Amazônia. Após a expulsão e o confisco dos bens dos religiosos, a orientação foi transformar alguns aldeamentos em vilas, entre elas Santarém e Alter do Chão, substituindo os nomes indígenas de Tapajós (ou Tupaiú) e Borari, respectivamente, por nomes de vilas portuguesas. Outro fato importante foi a proibição do uso da língua nhengatu, estrategicamente criada pelos missionários, para somente a língua portuguesa ser utilizada nas transações comerciais.

Passados os anos, ficou a história da colonização portuguesa. A herança de um povo se faz presente em cidades no interior da Amazônia. Os portugueses de Alter do Chão, ao chegar a Santarém, iriam ver de perto a importância que até hoje o rio tem para as cidades, que são ligadas umas às outras através de pequenos barcos, que fazem o transporte de pessoas. Aliás, o próprio Pedro Teixeira voltou a passar por Santarém em 1637, em direção a Quito, no Peru, depois de ter a cidade de Cametá, no Pará, como ponto de partida. Foi a viagem que marcou a conquista da Amazônia pelos portugueses, e tida como a segunda maior expedição, depois da de Pedro Álvares Cabral, mais de um século antes. A expedição de Pedro Teixeira, que se revelou numa formidável façanha náutico-militar, causou tremendo mal-estar na Espanha, já que Portugal e a sua colônia brasileira estavam sob o domínio espanhol entre 1580 e 1640. Ficou convencionado que o rio Amazonas, em sua totalidade, pertencia aos portugueses. Essa mesma sensação os alterenses iriam ter por alguns dias, ou seja, os rios Amazonas e Tapajós seriam, literalmente, deles.

Na verdade, os alterenses desistiram de conhecer Alter do Chão, do Brasil, por um motivo que faz com que muitos brasileiros deixem de conhecer o seu próprio país: o preço das tarifas aéreas. É que o Brasil é muito grande, o que inibe deslocamentos envolvendo grandes distâncias. É comum os brasileiros do Sul terem pouco contato com os do Norte. Em alguns momentos, o grau de desinformação em relação a certas regiões do país chega a surpreender. É verdade também que a preferência dos turistas portugueses é pelo Rio de Janeiro, São Paulo e algumas capitais do nordeste, como Recife e Salvador. A solução, segundo os agentes de viagem do Norte, é a efetivação de vôos entre Lisboa e Belém ou Manaus, o que viabilizaria o destino Amazônia. Aliás, já existe um certo movimento em Belém, no sentido de estimular a criação da linha entre a capital portuguesa e Belém.

O grupo de turistas de Alter do Chão teve que adiar o sonho. Eles queriam prestigiar a Festa do Çairé, que foi realizada entre os dias 14 e 18 de setembro, na vila de Alter do

Chão, que é distrito de Santarém, e que 32 quilômetros de estrada asfaltada separam uma da outra. A antiga vila dos índios borari também cresceu. A pesca já não é a atividade principal, e sim o turismo. Ao invés de índios, somente os descendentes, que cultivam na hospitalidade uma de suas principais características, como é típico de todas as cidades amazônicas.

Se em 2000 não foi possível, que o novo milênio possa representar o início de um vínculo entre os dois países irmãos tendo a Amazônia como elo de ligação. A história está aí para amparar a aproximação.

*****

Capítulo 8

O Oeste do Pará e a relação com Portugal

Expresso (Lisboa - Portugal), 17 de junho de 2.000.

Óbidos, Sentinela da Amazônia

Entre as cidades paraenses, Óbidos, localizada no Oeste do Estado, é uma das que mais se identificam com Portugal. Andar pelas ruas estreitas, revestidas de cimento, dá ao visitante a sensação de estar voltando alguns anos no passado. A arquitetura da cidade é fortemente influenciada pelos padrões europeus do século XIX. Aliás, a história obidense começa bem antes, no século XVII.

Antes de os portugueses colonizarem o Estado do Pará, os holandeses, ingleses e espanhóis já haviam feito um reconhecimento na área. Em 1637, o navegador português Pedro Teixeira, ao fazer o percurso de Belém até Iquitos, no Peru, em uma viagem de exploração, verificou que em uma determinada localização o rio Amazonas era bastante estreito (1.600 metros de largura e 83 m de profundidade). Surgiu dele a idéia da construção de um forte, para a instalação de uma base militar. Sessenta anos depois, em 1697, os portugueses iniciaram a construção do forte, no mesmo lugar da aldeia dos índios pauxi, de onde parte deles saiu atrás de outras terras. O português Manuel da Mota Siqueira iniciou a obra, com a ajuda dos índios pauxi. Por ordem do capitão-general Antônio de Albuquerque Coelho de Carvalho foi criada a Fortaleza dos Pauxi.

A aldeia começou a crescer a partir da Fortaleza dos Pauxi. Pela posição estratégica do forte, a orientação maior era para guardar militarmente a região amazônica contra prováveis invasores, que nunca apareceram, contra o contrabando das drogas do sertão (gengibre, canela, baunilha, cravinho etc.). Tinha também o aspecto comercial envolvido. A Coroa Portuguesa passou a cobrar o dízimo de toda embarcação que passasse ou saísse de Óbidos carregada com mercadorias. Como o rio é estreito (garganta do Amazonas) a abordagem por parte dos militares era facilitada, o que não acontecia em outros fortes instalados na Amazônia.

Para ajudar na catequização dos índios, Portugal mandou para a aldeia os padres capuchos da Piedade, que eram sediados na cidade do Porto, por ordem do rei de Portugal, D. Pedro I. Tanto que o segundo fato importante foi a construção de duas igrejas (uma no ponto mais alto da cidade e outra na praça principal), que facilitou o relacionamento da comunidade com os colonizadores.

Em 1758, o Marquês de Pombal ditou regras que mudaram os costumes, ao incrementar a sua política colonizadora, que era transformar a Amazônia em novo Portugal, num projeto que denominou de Feliz Lusitânia. Elevou aldeias à categoria de vilas e povoados, dando nomes portugueses aos que tinham origem indígena. Além do mais, estabeleceu a liberdade dos índios e retirou a autoridade dos religiosos. Coube a seu irmão, o governador da Capitania do Pará, Mendonça Furtado, nas duas viagens que fez pelo interior, fazer cumprir a lei. Por onde passou, ao verificar que o local poderia se transformar em vila, decretava a elevação. Ao invés de aldeia dos pauxi, o povoado passou a ser uma vila, que segundo diziam na época, tinha semelhança com a cidade de Óbidos, em Portugal. Em 1788, os bens dos jesuítas (que eram donos de plantações de cacau, entre outros) passaram para a Coroa Portuguesa, uma vez que o Marquês de Pombal determinara a expulsão dos mesmos e dos padres capuchos da Piedade. Foi o mesmo Mendonça Furtado que decretou Sant'Ana como a padroeira do lugar.

No século XIX, no dia 2 de outubro de 1854, Óbidos passou de vila à categoria de cidade. Foi refeito o forte, que já estava em ruínas, e foi instalada uma colônia militar, que era composta de 224 colonos e 38 portugueses. Naquele século, a cidade viveu momentos de glória no aspecto econômico. Viveu-se o ciclo do cacau e da criação de gado. A cidade passou a produzir e exportar café, tabaco (de excelente qualidade), algodão e pequenas quantidades de outros produtos, entre eles o guaraná. Era o cacau (que contém grandes propriedades alimentícias) o grande agente propulsor da economia amazônica. Foi quando surgiram os "coronéis" (título comprado do Império) do cacau.

Em Óbidos, a riqueza passou a fazer parte do dia-a-dia do comércio. O poder aquisitivo das classes dominantes aumentou assustadoramente. Os proprietários de terras e pessoas ligadas aos setores econômicos de exportação de castanha-do-pará, borracha, cacau, cumaru passaram a traduzir o seu poder revolucionando o modo de construir e habitar. Optaram pelo luxo e conforto influenciados pela cultura européia. Aliás, a tendência a copiar os modelos arquitetônicos europeus é reflexo da mentalidade colonizada do povo brasileiro que, mesmo após a independência política, em 1822, continuava visceralmente ligada à cultura do Velho Mundo. Óbidos ficou conhecida como uma cidade de ricos, a ponto de os seus filhos abastados irem estudar na Europa e de as construções indicarem poder e prestígio social. O ciclo do cacau fez a cultura local crescer, ao produzir nomes ilustres na literatura brasileira, como Inglês de Souza e José Veríssimo, que estão entre os fundadores da Academia Brasileira de Letras.

No final do século XIX, Óbidos recebeu imigração italiana destinada à agricultura, logo desprezada em razão de empreendimentos pecuários. A presença de italianos e franceses, envolvidos em projetos cacaueiros, marca a fisionomia da cidade, com novos projetos arquitetônicos de acabamento esmerado e detalhes cuidadosos. Por muito tempo a imigração foi tão intensa que justificou a existência de consulados italiano, francês e português na cidade. Algo raro em se tratando de uma cidade da Amazônia. Mas era o movimento na cidade que chamava a atenção das autoridades, já que muitos barcos faziam escala por lá. Era intensa a exportação de cacau, castanha (beneficiada), peixe seco e gado. Embora dotada de alfândega, a cidade exportava matéria-prima para o estrangeiro.

No século XX, Óbidos ganhou importância pela sua vocação militar, atraindo jovens de todos os pontos do país, no momento em que a borracha era o principal produto comercial do mundo, sendo Manaus o maior centro produtor. Pela proximidade com Manaus, Óbidos recebeu mais importância por parte do governo em função de sua posição privilegiada. Em 1909 foi concluída a construção do Quartel de Óbidos, com arquitetura única no Brasil. Ficava caracterizada a importância da manutenção do forte e do quartel na defesa do país. Além do mais, foi construída a Fortaleza Gurjão, na serra da Escama, que teve seus momentos de glória na defesa da "garganta do Amazonas", dotada de seis potentes canhões. Em função de seus dotes bélicos, Óbidos ganhou o apelido de Sentinela da Amazônia.

Nos dias atuais, a pecuária, a agricultura (produção de fibra de juta, mandioca, arroz com casca e de cana-de-açúcar) e o extrativismo (espécies vegetais e a pesca) continuam a ter forte peso na economia do município. O esplendor econômico, na verdade, ficou para trás. A cidade tenta hoje se adaptar a um novo ritmo, dispensando ao turismo uma atenção importante. A história do lugar é rica, o que faz as autoridades municipais pensarem que a alternativa mais viável para um reaquecimento na economia seja o incremento da atividade turística. Óbidos fica a 779 quilômetros da capital do Estado, Belém. Para chegar até Óbidos é necessário passar por Santarém, que recebe vôos diários de Belém e Manaus. De Santarém até Óbidos são necessárias 9 horas de barco, pelas águas do rio Amazonas. Seis horas para voltar, aproveitando a correnteza do rio a favor.

Óbidos tem por volta de 46.487 habitantes (Censo 2.000), sendo que 49,4% estão concentrados no centro urbano. Está a 35 metros acima do nível do mar. O turista pode andar pela cidade sem se preocupar com a agitação dos grandes centros. O ambiente provinciano contribui para a empatia em relação ao lugar. As ruelas curvas dão um charme todo especial ao passeio, que ainda inclui pequenas ladeiras, e a oportunidade de conhecer os casarios coloniais que se mantêm conservados. Com um pouco de paciência dá até para parar em alguma casa, geralmente de portas abertas, e trocar palavras com os nativos. Quem sabe, conhecer o seu Renato Martins, de 66 anos, morador de uma casa que um dia já foi o Hotel Miquita, que ainda neste século recebia representantes comerciais de todos os pontos do Brasil. Permanecer por mais de 24 horas na cidade, tem-se a oportunidade de saber de "causos" envolvendo os locais, que são profundamente ligados à sua terra. Aliás, a hospitalidade do povo obidense é talvez a maior atração turística.

* * *

"Expresso", 1 de abril de 2.000.

As festas da Amazônia

Na década de 90, a Amazônia fez ecoar um som que saiu da floresta e se estendeu pelo mundo afora. No ritmo das toadas de boi, músicas com balanço diferente (que não samba, pagode e axé music) surpreenderam o Brasil, e, num segundo momento, conquistaram simpatia da Europa a partir da França. O Estado do Amazonas fez nascer a paixão pelos bois Garantido e Caprichoso. No final do mês de junho, o Festival Folclórico de Parintins recebe turistas de todos os cantos do Brasil. Na arena modernamente montada pelo poder público, o folclore do Norte brasileiro tem a chance de se mostrar para o mundo. Mesmo em Parintins, no interior amazonense, com uma população de cerca de 70.000 habitantes. A cidade é tomada de assalto por um público sedento por cultura e festa, muita festa.

Só que há outra cidade na Amazônia que está começando a mostrar as suas tradições culturais. É Santarém, no Oeste do Estado do Pará, com 243.000 habitantes, que sedia a Festa do "Çairé", evento de caráter religioso-profano. Na verdade, a festa acontece em Alter do Chão, que é distrito da primeira. O "Çairé", segundo os livros de história contam, é um símbolo de madeira que imita os escudos usados pelos colonizadores, os portugueses, contendo as cruzes que simbolizavam os mistérios da Santíssima Trindade. Essa é uma das prováveis razões para a criação do "çairé", e uma das opiniões que apontam para a sedimentação do caráter religioso.

A religiosidade da festa é devidamente passada de pai para filho. As tradições se mantêm por mais de 300 anos. Tanto que o culto religioso é comandado pelos membros da comunidade, que durante as procissões entoam cantigas que, segundo eles, seriam em latim. O outro aspecto que passa a interessar um outro tipo de público é o que diz respeito ao folclore. A juventude da vila de Alter do Chão resolveu que entre as apresentações de danças típicas da região uma em especial deveria ser melhor preparada para ganhar peso comercial. Foi quando a lenda do boto entrou em cena. Segundo a lenda amazônica, o boto (um mamífero de pouquíssimo valor comercial), ao anoitecer, se transforma num homem bonito e sai a procurar mulheres solteiras com o objetivo de seduzi-las às margens dos rios. Como é um galanteador, sempre se dá bem nas abordagens. Dentro desse roteiro, acontece a evolução das apresentações dos botos Tucuxi e Cor-de -Rosa, nas noites dedicadas ao folclore. Na Praça do Çairé, construída em 1997, com o objetivo de servir de palco para as manifestações folclóricas, as torcidas já começam a rivalizar, fazendo com que o clima de disputa contagie os assistentes.

Um dos pontos fortes do evento é o fato de o mesmo ser realizado na vila balneária de Alter do Chão, que tem apenas 2.200 habitantes. A edição especial, de número 42, da revista "Caras", incluiu Alter do Chão entre os 17 roteiros imperdíveis do Brasil. A revista "Isto É" coloca o balneário amazônico entre os 100 mais importantes do país. O conceito da pequena vila tem crescido ao longo dos últimos anos, principalmente com o advento da passagem de navios de cruzeiro internacional. Alter do Chão passou a ser parada obrigatória desses navios, que incluem ainda Santarém, Belém e Manaus. O nome da vila foi dado pelos portugueses durante o período da colonização. Por ordem de Dom José, o então rei de Portugal, toda missão que passasse à categoria de vila receberia nome de uma cidade portuguesa. O mesmo procedimento foi adotado em relação a Santarém. Aliás, em Santarém acontece o surpreendente fenômeno do encontro das águas dos rios Amazonas e Tapajós, que correm paralelos por quase 8 quilômetros sem se misturar, em razão da diferença de composição, densidade e temperatura.

Além das belezas naturais, o turista pode ainda visitar o Museu de Preservação da Arte Indígena, que abriga uma coleção de mais de 1.500 peças originais de diversos povos silvícolas de todo o Brasil. O Centro oferece uma programação dirigida ao público. O proprietário do museu é um norte-americano que se encantou com Alter do Chão quando chegou em 1985. A beleza do lugar o levou a se fixar em caráter definitivo. David Richardson, que fala um português arrastado, já recebeu visitantes ilustres, como, segundo ele, o homem mais rico do mundo, Bill Gates, e o ator americano Kevin Costner. A assinatura de Costner consta no livro de presença do museu.

Quando setembro chegar, entre os dias 14 e 18, Alter do Chão vai estar enfeitada pela natureza. A praia vai estar no seu período mais interessante, já que é tempo de verão na Amazônia, que acontece entre junho e janeiro. A Festa do **Çairé** servirá como um motivo a mais para que turistas de todos os pontos se interessem pela cultura e beleza de um dos pontos mais distantes do Brasil. O show de situações inusitadas está garantido.

* * *

"A Notícia" (Joinville-SC), 20 de dezembro de 2.000.
"Amazon View" (revista), edição 34, dezembro de 2.000.

Monte Alegre,onde começa a história da Amazônia

Entre Belém e Santarém, Monte Alegre é a cidade mais progressista a ser alcançada. Fica a 630 km da primeira e 85 km da segunda. Da porção Oeste do Estado do Pará é o segundo município em importância econômica. Na atualidade, o município apoia as suas atividades na agricultura e pecuária, além de buscar espaço para explorar de forma planejada o turismo.

No passado, durante o século XVIII (período pombalino) a economia baseava-se no plantio do cacau, na pesca e na pecuária. O período foi de bastante crescimento, permitindo que Monte Alegre se estabelecesse como um dos mais desenvolvidos municípios paraenses. Ainda no final do século XVIII, a instalação da serraria Real impulsionou a economia local, já que toras de cedro eram beneficiadas e, na seqüência, transformadas em pranchas e comercializadas com Belém, que as exportava para Lisboa, com o objetivo de atender às grandes construções que eram realizadas em Portugal. Na segunda década do século XIX, em razão da escassez de matéria-prima e de má administração por parte do governo do Estado, a serraria Real faliu, o que precipitou o declínio econômico da cidade.

A recuperação econômica aconteceu depois de 1840, através da agricultura. Ao lavrar a terra, o montealegrense abriu cacoais e passou a implantar novas fazendas de criação de gado. O esforço permitiu que, em menos de vinte anos, a produção de café, algodão e cacau alimentasse o sonho de prosperidade. A exploração de seringais também influenciou o modo de vida do povo da região.

A agricultura e a pecuária continuam a movimentar o comércio da cidade. Mas o turismo já entrou na pauta da administração pública municipal, que tem levado a sério o setor ao criar uma secretaria que, além do esporte e cultura, cuida do turismo. E o município é rico em apresentar atrativos. São várias as opções para quem procurar o destino Amazônia.

A cidade é pródiga em recursos naturais, apresentando áreas de incrível beleza cênica. Florestas e savanas, rios, lagos piscosos, igarapés de água fria, belas cachoeiras e mirantes naturais, além de áreas de várzea, com suas exuberantes faunas e floras, exibindo ecossistemas bem preservados, fazem parte do leque de atrações do município que não vê a hora de se apresentar para o mundo. Mas o maior trunfo de Monte Alegre, no que diz respeito ao potencial turístico, concentra-se nas fontes termais sulfurosas da região do Ererê e, principalmente, em função do complexo de serras (Ererê, Lua, Aroxi, Paytuna) que abrigam sítios arqueológicos com impressão da arte rupestre, registros cientificamente comprovados da mais remota ocupação humana na Amazônia e, possivelmente, nas Américas.

Incrustados no meio da Amazônia brasileira, os sítios arqueológicos de Monte Alegre já foram alvo do estudo de cientistas famosos, entre eles, os pesquisadores alemães Carlos Frederico Felipe de Martius (botânico) e Hohann Baptist Von Spix (zoólogo), que empreenderam uma viagem de estudos pelo Brasil, de 1817 e 1820. Em 1871, outro alemão, C.F. Hartt, desenvolveu estudos sobre as inscrições rupestres da serra da Lua. Em 1889, A. R. Wallace publicou trabalho contendo descrições das serras e grutas da região, fazendo referências às inscrições rupestres. Em 1898, Orvile Derby descreveu a serra do Aroxi, assinalando a exalação de gases quentes a partir de uma cavidade localizada na encosta da mesma. Mais pesquisadores estiveram em Monte Alegre ao longo do tempo.

Mais recentemente, a região vem sendo objeto de estudos científicos, o que constitui uma formidável contribuição científica, especialmente nos campos da espeleologia e da arqueologia amazônicas. Os trabalhos realizados pela arqueóloga norte-americana, Dra. Anna Curtenius Roosevelt, em Monte Alegre, na gruta da Pedra Pintada representam a primeira informação, cientificamente comprovada, sobre a presença de Paleoíndios na região amazônica, indicando uma associação dos mesmos com a arte rupestre, mostrando as similaridades entre esses sítios Paleoíndios e outros já estudados em diferente lugares, nas Américas. De acordo com a descoberta arqueológica de Anna Roosevelt, em Monte Alegre estão documentadas as melhores evidências acerca dos povos mais antigos que habitaram a região, muito possivelmente no final do Pleistoceno e início do Holoceno (épocas geológicas que compõem o Período Quaternário), os Paleoíndios amazônicos.

Com um pouco de disposição, o visitante interessado no turismo científico pode encontrar sítios líticos, que representam aqueles locais onde são encontrados restos de artefatos indígenas, confeccionados em rochas e/ou minerais. Procurando um pouco mais, podem ser encontrados sítios cerâmicos, que são locais onde ocorrem restos de cerâmica indígena. Até sítios com petroglifos, que são os locais onde existem rochas com desenhos em baixo-relevo, executados por primitivos habitantes da região. A cachoeira da Muira, no rio Maecuru é um exemplo.

As fontes termais sulfurosas são o principal atrativo turístico do município. Estão localizadas na planície do Ererê, porção central do Domo de Monte Alegre, distante cerca de 13 quilômetros da sede municipal, com fácil acesso através da rodovia PA-225. Em estudos realizados recentemente, as análises revelaram a boa qualidade das águas, classificadas como cloretadas sódicas.

A antiga aldeia dos índios gurupatuba foi elevada à categoria de vila em 1758, no dia 27 de fevereiro, recebendo o nome de Monte Alegre, em alusão a uma vila situada ao norte de Portugal. Desde aquela época, o povo local é chamado de "pinta-cuia", graças à produção de cuias pintadas com motivos amazônicos, uma cultura iniciada pelos índios que habitavam à região. Por sua localização geográfica, Gurupatuba representava o núcleo populacional amazônico mais ocidental, sob o domínio português. Aliás, os primeiros colonizadores portugueses chegaram à região do Médio-Baixo Amazonas em 1639, integrando a expedição comandada pelo capitão Pedro Teixeira.

A área do município é de 20.232,50 km2. A população atual é de 61.110 habitantes, segundo o Censo/2.000, sendo que 34,25% estão concentrados no centro urbano (20.936 habitantes), enquanto que os 65,75% compõem a população rural (40.174 habitantes).

Monte Alegre é uma cidade que, do alto, espera pela descoberta dos aventureiros modernos.

* * *

O Oeste do Pará é composto por 23 municípios. 7 têm nomes de cidades portuguesas, como Faro, Óbidos, Alenquer, Monte Alegre, Almeirim, Aveiro e Santarém, sendo que Pinhel é distrito de Aveiro, enquanto que Boim e Alter do Chão são distritos de Santarém. Os outros municípios são Oriximiná, Juruti, Altamira, Placas, Belterra, Prainha, Trairão, Itaituba, Novo Progresso, Rurópolis, Uruará, Medicilândia, Curuá, Jacareacanga, Terra Santa e Brasil Novo.

A mudança para nomes portugueses ocorreu entre 1750 e 1759. Era intenção de Portugal estabelecer o projeto Feliz Lusitânia, visando reservar um território capaz de abrigar uma população de crescimento geométrico, ou seja, receber famílias portuguesas, tanto do Reino, como das demais colônias. Naquela época, Marquês de Pombal acreditava no crescimento da população de Portugal, e o país precisava, dentro do espírito de conquista reinante, estimular a emigração para terras promissoras, como as do Brasil. A Amazônia se colocava como uma grande esperança, mesmo reconhecendo o empecilho de representar um vácuo demográfico.

* * * * *

Capítulo 9

Chegando longe

O trabalho jornalístico chegou a Portugal. Santarém, num primeiro momento, e outras cidades do Oeste do Pará, aproveitando a relação daquele país com a Amazônia. A cada passo, o alcance se ampliava. O interesse por destinos que não somente Santarém também era evidente. Aliás, um detalhe muito bom para mim, enquanto jornalista. Mais pautas poderiam ser absorvidas pelos jornais dos mais diversos lugares. Por conseqüência, o Oeste paraense estava fadado a chegar mais longe.

Para explorar bem os espaços, pautas surgiam com histórias revelando personagens ligados à região. O importante era divulgar os projetos que estão surgindo, mas que quase sempre ficam distantes do aparato da mídia.

* * *

"Expresso" (Portugal), 15 de abril de 2.000.

O sonho ganha as águas

Quando chegaram a Santarém, no Oeste do Estado do Pará, em maio de 1994, sabiam que aquele lugar iria acalentar um sonho de muito tempo. Os holandeses Christopher Smit, 37, Renné de Bruyn, 35, Markus Smit, 38, e o canadense Markus Lehman, 32, já tinham percorrido várias cidades do Norte e Nordeste brasileiros atrás de um local ideal para a concretização do projeto, considerado por muitos irrealizável. O sonho era construir uma escuna de 36 metros (veleiro), de forma artesanal, utilizando os recursos oferecidos pela floresta e a experiência dos carpinteiros da Amazônia. Estava ficando para trás a segurança de viverem em seus países, onde a estabilidade econômica possibilitava uma rotina sem atropelos. Uma mudança radical para quatro jovens acostumados com o frio, dinheiro e família.

Na nova terra, o primeiro desafio foi enfrentar o calor, típico de um país tropical. Só que a escolha por Santarém não foi por acaso. Houve, na verdade, um planejamento para a escolha da cidade. Em primeiro lugar, a facilidade para conseguir a itaúba-preta, uma madeira ricamente encontrada na região e imensamente recomendada para a construção naval pela durabilidade. O rio Tapajós foi outro fator que contribuiu bastante, por ser considerado por eles muito bonito. A beleza natural da cidade foi fator fundamental pela escolha. Era, segundo eles, a união do útil com o agradável. "Tínhamos que optar por um lugar de que pudéssemos gostar. Por isso, preferimos Santarém", enfatiza Markus Smith, já casado com uma santarena. Aliás, mais dois de seus parceiros seguiram o mesmo caminho. Renné casou com uma nativa e Lehman, com uma carioca, que conheceu na praia de Alter do Chão, que fica a 32 quilômetros de Santarém, durante o período de férias dela.

Os primeiros meses no Brasil foram de muita dificuldade. Apesar de chegarem com 120 mil dólares para a implantação do projeto, tiveram que conviver com a desconfiança dos nativos, pois pouco entendiam sobre o que estava por ser viabilizado. Para se estabelecer na cidade preferiram morar no local onde a escuna iria ser construída. Alugaram um terreno às margens do rio e construíram uma casinha, ou melhor, um casebre de madeira e teto de palha. Na verdade, um espaço que servia de escritório e dormitório. Tudo isso, por longos seis anos.

No primeiro ano de construção, o primeiro obstáculo. As reservas chegaram ao final. Chistopher, que ficou conhecido por Kit, teve que voltar à Holanda atrás de patrocínio. O dinheiro trazido no começo acabou sendo muito pouco, já que até o final os investimentos chegaram a 1 milhão de dólares. O projeto teve que ser interrompido por algumas vezes em razão de limitação financeira. Mas nem mesmo o pouco dinheiro fez o grupo fugir do objetivo. A meta era terminar o barco, sem que eles soubessem quando o dia final chegaria.

Mas a vida não se resumia apenas ao trabalho. Passaram a gostar da música e criaram um time de futebol, reforçado pelos carpinteiros. O Ajax (o mesmo nome do time holandês que tanto sucesso fez na década de 70) passou a desafiar os times da vizinhança, enquanto os "gringos" angariaram novos amigos. O futebol passou a ser a estratégia para que o período de adaptação fosse suavizado. Bons consumidores de cerveja, passaram a gostar do brega, a música típica dos paraenses (pouco conhecida no país). Enfim, se enturmaram com a comunidade do Maracanã, o bairro onde moraram.

A chance de terem a construção da escuna adiantada aconteceu em 1999 com o anúncio das comemorações dos 500 anos do descobrimento do Brasil. Foi o ânimo a mais que faltava para que todos os esforços apontassem numa só direção. Markus Lehman conheceu o iatista (medalhista olímpico) Lars Grael, diretor de programas especiais do Indesp (Instituto Brasileiro do Desenvolvimento do Desporto) e ganhou a sua simpatia. Acabou por conseguir um patrocínio de 200 mil reais para a complementação do projeto, junto ao Clube de Regatas Vasco da Gama. O Vasco acabou sendo estratégico, já que o clube está desenvolvendo uma política de apoio a esporte a remo e à vela. Além do mais o clube tem origens portuguesas.

No dia 23 de março, o Tocorimé deixou Santarém. A cidade realizou uma grande despedida para os aventureiros. Eles deixaram a cidade em clima de festa. A escuna foi batizada pela ex-campeã sul-americana de windsurf, Dora Bria, que hoje defende as cores do Vasco da Gama.

Entre os objetivos do grupo constava a participação da regata comemorativa dos 500 anos do Brasil, com a largada em Lisboa e a chegada a Porto Seguro, na Bahia, no dia 22 abril. Não foi possível. A participação agora fica restrita ao Brasil, durante o período da festa. Sobrou apenas o dia 22 de abril, com a chegada a Porto Seguro. Na seqüência, a escuna vai visitar os portos das capitais costeiras brasileiras. É pensamento deles, como forma de homenagear a cidade onde o sonho se tornou realidade, passar por Santarém, em Portugal, onde, por uma incrível coincidência, estão depositados os restos mortais de Pedro Álvares Cabral, o descobridor do Brasil.

Enquanto isso, o "Tocorimé Pamatojari" (que na língua dos índios kulina significa "espírito de aventura"), o nome da escuna, segue em direção a Porto Seguro. Quem sabe, um dia os quatro aventureiros vão ganhar a vida contando como foi o desafio de construir um barco na Amazônia. Em pleno mar.

* * *

"Expresso", 3 de junho de 2.000.

Belterra renascida

"Correio Braziliense", 10 de maio de 2.000.

Onde a borracha mandava

Quem visita Belterra, no Oeste do Estado do Pará, tem a impressão de estar chegando a uma pequena cidade do interior dos Estados Unidos. Afinal, o vilarejo foi criado aos moldes de cidades norte-americanas. Em 1934, em pleno ciclo da borracha, a Companhia Ford Industrial do Brasil resolveu fundar uma nova cidade na Amazônia (já existia outra, Fordlândia, também no Oeste paraense, com 1.000.000 de hectares), que reunisse melhores condições para o escoamento da produção. Assim foi concebida Belterra, que os nativos dizem significar bela terra.

No meio da floresta nascia a "Vila das Seringueiras", como ficou conhecida por muito tempo. Belterra foi fundada para dar suporte logístico ao projeto. Surgiram casas residenciais, hospital, escolas, sistema de água e esgoto, energia elétrica, telefones, fábrica de gelo, praças de esportes, serrarias. Enfim, o povoado reunia condições pouco comuns naqueles tempos, principalmente na Amazônia, com todos os requisitos de conforto e qualidade de vida. Na verdade, Belterra serviu de base para o grande projeto do milionário norte-americano Henry Ford, que objetivava transformar a região num grande polo produtor de seringa do mundo. Em 10 anos, foram plantadas 3.200.000 seringueiras

O projeto de Ford esbarrou em algumas dificuldades. Uma delas teria sido a falta de mão-de-obra. O projeto previa o aproveitamento de 18.000 empregados e somente foram contratados 5.000. A Companhia era obrigada a contratar em outras cidades do Pará, e mesmo do nordeste. Já os técnicos e médicos vinham quase todos dos Estados Unidos, Holanda e França. Aliás, em 1943, a Companhia Ford Industrial do Brasil desistia do projeto, depois de 17 anos atuando na região amazônica. O forte motivo foi uma doença chamada de "praga das folhas" (microciclus uley), um vírus que amarelava as folhas das seringueiras, e terminava por dizimar parte da plantação. Outro fator preponderante teria sido a morte do Edsel Ford, o filho único de Henry Ford, ao qual estava submetida a direção da empresa. Em 1945, todo o patrimônio de Belterra e Fordlândia foi negociado com o governo brasileiro através do Banco de Crédito da Borracha S.A. (hoje o Banco da Amazônia S.A.).

A partir de então o projeto teve continuidade, mas sem o mesmo *glamour*. O projeto passou a ser conhecido como Plantações Ford de Belterra e Fordlândia, sendo gerido pelo Instituto Agronômico do Norte (IAN), com sede em Belém. Naquela época Belterra conheceu o primeiro administrador brasileiro, o mineiro Manoel Garcia de Paiva. Em 1961 os trabalhadores do projeto passaram a figurar no quadro de pessoal do Ministério da Agricultura. A partir de 1970, a produção de seringa era diminuída acentuadamente, marcando o fim de um período em que Belterra era conhecida pela sua força de gerar recursos para a região.

Em 28 de dezembro de 95, Belterra conquista a sua emancipação de Santarém, que dista 60 minutos de automóvel. Era a independência que faltava para que o novo município buscasse a sua própria identidade. Agora, o que deve nortear as ações da administração pública municipal? A agricultura se apresenta como uma das alternativas. A outra é, sem dúvida, o turismo. "A vocação é o turismo. A nossa riqueza histórica, cultural e natural aponta nesse sentido", avalia o prefeito Oti Santos.

Belterra aposta as suas fichas na incrementação da atividade turística no Estado do Pará. "Estamos torcendo para a viabilização do Proecotur. Uma vez em prática, as nossas chances são grandes de conquistarmos espaço entre os turistas do mundo inteiro", endossa o secretário de turismo e meio ambiente, Chardival de Moura Pantoja. O Proecotur é o Programa de Ecoturismo da Amazônia Legal, cujas atividades, na fase de pré-investimento, serão financiadas pela Secretaria de Coordenação da Amazônia, do Ministério do Meio Ambiente, dos Recursos Hídricos e da Amazônia Legal (SCA/MMA), através de empréstimos junto ao Banco Interamericano de Desenvolvimento (BID). Os nove Estados da Amazônia Legal (Pará, Amapá, Amazonas, Rondônia, Roraima, Acre, Tocantins, Maranhão e Mato Grosso) estão envolvidos no projeto. Belterra faz parte do polo Tapajós (os outros são Araguaia/Tocantins, Belém, Costa Atlântica e Marajó). O objetivo do programa é gerar empregos e atividade econômica direta e indireta, além de ampliar a arrecadação dos Estados da região, absorvendo mão-de-obra e capital, que de outra forma poderiam se voltar para empreendimentos ecológica e economicamente não-sustentáveis. A intenção maior é fazer com que o setor privado invista com segurança em ecoturismo e crie produtos e roteiros competitivos internacionalmente. Os custos para a fase de pré-investimentos estão orçados em 10 milhões de dólares. Quanto à fase de investimentos, 200 milhões estão sendo estimados para a implementação em 3 anos.

Está localizada no município de Belterra a Floresta Nacional do Tapajós (Flona do Tapajós). Ou melhor, 2/3 dela. O restante fica em Santarém, Aveiro e Rurópolis. Aliás, a Flona foi declarada Floresta Nacional em 1974 (decreto nº 73.684), com 600.000 hectares, e é a sexta maior floresta nacional do Brasil, além de estar entre as vinte florestas nacionais nos Estados do Pará e Amazonas. O passeio turístico está autorizado na área da Flona desde 1993. Os interessados precisam contactar com a sede, em Santarém, do Ibama (Instituto Brasileiro do Meio Ambiente e dos Recursos Naturais Renováveis), que estabeleceu normas com respeito à recreação na floresta e começou a exigir autorização, estabeleceu taxas de entradas e autorizou o uso de determinados guias escolhidos. A Flona pode ser alcançada facilmente por barco (5 horas a partir de Santarém), por carro (uma hora) ou a pé. A infra-estrutura é ainda primitiva, existem trilhas de terra em algumas partes, que proporcionam aos turistas a oportunidade de caminhar pela floresta, que é predominantemente de terra-firme. Na Flona, dá para observar mais de 2.000 espécies de plantas, igarapés, 120 espécies de árvores. Conhecer algumas das 16 comunidades (aproximadamente 2.500

pessoas) tradicionais estabelecidas perto do rio é o que vai fazer a diferença para o turista, que aprenderá um pouco da cultura local. Vai saber sobre as maneiras de subsistência: caça, pesca, plantação de mandioca que produz farinha e tapioca, colheita de nozes e frutas e a agrosilvicultura. É só escolher entre Maguari, Jaguarari, Tauari, Jamaraquá... No inverno, vêem-se animais silvestres, como cutias, onças e macacos. A Flona é uma área potencialmente rica para o desenvolvimento do turismo de aventura e safari (*trekking*, percursos de bicicleta, montanhismo, acampamento com riscos etc). Durante o período do verão amazônico (julho a janeiro) as opções são as praias de areia branca e de água doce e cristalina.

São as praias um dos trunfos do turismo de Belterra. As principais, indiscutivelmente, são Pindobal e Aramanaí. Partindo do centro de Belterra, em 20 minutos se alcança uma delas. As duas ficam em estradas diferentes. Pindobal é desses lugares onde somente o vento incomoda. Cerca de 100 pessoas moram no local. O indício de modernidade é o uso de antenas parabólicas em algumas casas. Diz-se que é o único ponto do rio Tapajós onde existe praia tanto no inverno quanto no verão. Além do mais, existem vestígios do porto que dava suporte para o escoamento da produção de seringa de Belterra. Algumas peças antigas ainda encontram-se jogadas na areia.

A mais famosa, porém, é Aramanaí. É uma vila, que abriga cerca de 40 famílias. Há até uma infra-estrutura mínima para receber o turista, como restaurantes e bares. Comer peixe frito com os olhos voltados para o rio é ter a impressão de que o tempo parou. Parou, em um lugar encantado.

*****

Capítulo 10

Revelando personagens

"Diário do Pará", 24 de dezembro de 2.000.

De velas içadas

Em Santarém, o rio é um espetáculo; a cidade, uma autêntica arquibancada. Barcos descem e sobem o rio, enquanto as pessoas assistem a tudo. Turistas se encantam com essa forma peculiar de viver. Não há quem não volte os olhos por alguns segundos para contemplar o cenário.

É comum em qualquer época o rio tornar-se uma vitrine. É a exposição de vidas que vêm e vão carregando sonhos, levando saudade e trazendo uma razão de viver. O rio é fonte de vida, permitindo que pescadores desfilem por ele atrás do sustento de suas famílias. Olhar para o rio é o mesmo que acompanhar o ritmo de vida de pessoas totalmente ligadas a um estilo simples. Olhar para o rio pode proporcionar inspiração, por exemplo. Com um pouco de sorte, o turista pode flagrar o violonista Sebastião Tapajós compondo mais uma música debaixo de uma mangueira, que minimiza os efeitos do calor amazônico. A composição, com gosto de peixe ou açaí, se irradia, depois dos primeiros acordes, para o resto do mundo.

Toda cidade às margens de um rio tem a obrigação de homenagear os seus representantes mais tradicionais, os pescadores. Foi pensando assim que o alemão, naturalizado brasileiro, Rolf Tambke, 60, idealizou um evento, que tem o objetivo de prestigiar a classe, que normalmente nunca disputa competições. Em 97, foi criada a Regata de Canoa à Vela. A intenção era a de congregar justamente os pescadores, e para isso foi convocada a Colônia de Pescadores Z-20 (associação que defende os direitos e interesses dos pescadores do município de Santarém) para coordenar o evento, junto com a Coordenadoria Municipal de Turismo. Estava lançado o desafio. Aliás, a idéia foi tão bem aceita, que foi matéria nacional, em 99, através do "Esporte Espetacular", da Rede Globo.

A pretensão de Rolf era colocar em prática a sua antiga paixão por esportes náuticos. No passado, foi campeão carioca, entre 77 e 83, da classe "Tornado", a sua especialidade na época. Em 1980, foi campeão brasileiro, e chegou a disputar a seletiva para as Olimpíadas de Moscou. A vaga ficou para Alex Welter, que acabou ganhando a medalha de ouro para o Brasil. Em 81, Rolf foi campeão sul-americano, na Argentina. O velejado Lars Grael (medalhista olímpico em 88 e 96) atribui a Rolf o fato de ser o seu grande incentivador no esporte.

A idéia ganhou corpo. Agora, todos os anos, no mês de agosto, aproveitando a temporada de bons ventos, os pescadores se colocam a disputar os primeiros lugares num campeonato que enfeita a frente da cidade. Cinqüenta canoas, em média, são devidamente paramentadas para servir aos hábeis pescadores. A premiação é um dos atrativos, mas ninguém quer perder a oportunidade de mostrar o seu equipamento, que, com todo zelo, é tratado como se fosse um carro novo. As velas ganham o nome dos patrocinadores, que ajudam a estimular os competidores. O evento é uma festa para aqueles que nunca pensaram em um dia se transformarem em atletas, mesmo reconhecendo que o trabalho que exercem é reservado para quem tem uma condição física apurada.

A Regata de Canoa à Vela é esperada durante o ano inteiro. O seu Raimundo Ferreira Pereira, 57, é um participante contumaz. Aliás, é o grande vencedor de duas versões das quatro disputadas, já que é bicampeão. Faz da competição uma extensão de suas atividades normais. Conhece os ventos como poucos, pois costuma pescar em lugares como Maicá, Ituqui, Arapemã, Tapará, Lago Grande de Monte Alegre, Aracampina etc.

Seu Raimundo se dedica a uma rotina muita dura, mas que é encarada por ele com muita naturalidade. Pai de seis filhos, criou a todos com o produto da pesca. Costuma sair para a pescaria toda segunda-feira, somente voltando no sábado. A sua rotina é assim desde o ano de 1964 quando chegou a Santarém proveniente da comunidade de Calvário, no município de Monte Alegre. Então, enfrentar vento para ele é o mesmo que um cidadão comum entrar num automóvel para ir ao trabalho.

Enquanto o seu Raimundo se prepara o ano inteiro para a competição, Rolf coloca a sua experiência a serviço do evento. Morar em Santarém representa estar próximo de seu esporte predileto. Viver na Amazônia representa uma situação bem inversa do tempo em que passou a infância no frio da Alemanha.

Muitos anos atrás, Santarém escreveu em sua história o nome de outro alemão. Trata-se do cientista Karl Friedrich Philipp Von Martius. E mais uma vez a vinculação com a água é inevitável. No dia 18 de setembro de 1819, Von Martius escapou de morrer, próximo a Santarém, num naufrágio, ao navegar pelo rio Amazonas. Agradecido a Deus por ter escapado com vida, mandou confeccionar um crucifixo de ferro fundido, que difere dos demais por revelar Jesus ainda vivo, com 1,62 metro de altura. A obra, que chegou a Santarém em 1848, está exposta na Igreja de Nossa Senhora da Conceição, tendo se transformado em uma atração turística. Von Martius, que na época era assistente do cientista Joahann Baptist Von Spix, escreveu as obras "Viagem pelo Brasil" e "A Flora Brasileira", um tratado de botânica em 40 volumes.

No presente, as águas estão mais tranqüilas. Pelo menos para os pescadores, durante a Regata de Canoa à Vela. Como agosto não é tempo de chuva na Amazônia, o Sol é o único convidado para animar a festa, que brinda os competidores com dois tipos de águas diferentes: do Amazonas e Tapajós.

* * *

"Diário do Pará", 29 de dezembro de 2.000.

Com a cabeça nas nuvens

Quando no dia 23 de outubro de 1906, o brasileiro Alberto Santos Dumont fez voar um objeto mais pesado que o ar, estava marcada a concretização de um sonho. Era a consagração definitiva de um projeto arrojado de um jovem que tinha trocado o Brasil por Paris, em 1891, com o objetivo de estudar mecânica, eletricidade e física. Na verdade, Santos Dumont teve todo o apoio da família, uma vez que seu avô era um rico joalheiro francês e seu pai era um fazendeiro no interior de Minas Gerais. Com a mudança da família para a capital francesa, o sonho ganhou consistência.

Quase 100 anos depois, um santareno, de origem humilde, tenta repetir a saga do pai da aviação. Sem a técnica apurada do mestre, mas com uma vontade incrível de construir o seu próprio avião. No fundo do quintal. Com a idéia na cabeça e muita disposição para trabalhar. A meta de Raimundo César, de 36 anos, é concretizar um sonho acalentado desde a infância. O seu amor pela aviação é algo que o mesmo não consegue explicar. Segundo ele, é mais forte do que tudo em sua vida. Nem mesmo os comentários negativos das pessoas são capazes de desviar o rumo de seu projeto.

A vida de Raimundo César é bem diferente da de Santos Dumont, que antes de completar 18 anos, junto com seus irmãos, recebera do pai, em vida, dois terços dos bens da família, conquistando a emancipação jurídica e recursos para financiar todos os seus empreendimentos. Já Raimundo César lida com dificuldades. Não dispõe de incentivos financeiros e trabalha no tempo que lhe sobra. Mora na comunidade de Jacamim, distante cerca de vinte quilômetros de Santarém. Dirigir um táxi é a sua ocupação principal. Os seus estudos são poucos, mas demonstra ter bons conhecimentos de mecânica.

O automóvel é o que existe também de comum entre Dumont e Raimundo César. Enquanto Raimundo César é taxista, Dumont era um apaixonado por carros luxuosos. Em 1892, desfilava em São Paulo em um Peugeot, que provavelmente tenha sido o primeiro carro a circular na América do Sul. Em Paris, a cidade se envolvia nas corridas de automóveis promovidas pelo brasileiro. Aliás, ele vencia com relativa freqüência. Em 1893, os amantes do automobilismo parisiense se curvaram diante de uma proeza de Santos Dumont, que, pilotando um possante De Dion, bateu o recorde de velocidade da época ao marcar 30 quilômetros por hora.

Mas as coincidências terminam por aí. A realidade de Raimundo é bem diferente. O dinheiro para bancar o projeto escasseia a todo momento, a ponto de deixá-lo desmotivado. Sem patrocínio, vê as suas esperanças diminuírem a cada dia. Na verdade, faz da persistência a sua arma para continuar apostando no sonho distante.

A paixão por aviões foi alimentada nos tempos em que Raimundo morava em Itaituba, no Oeste do Estado do Pará, durante a década de 80. Naquela época, a cidade tinha o aeroporto para aviões de pequeno porte mais movimentado do Brasil. É que a região respirava o auge do comércio do ouro, atraindo para a região aventureiros de todos os pontos do país, atrás de riqueza fácil. Itaituba era um centro para onde convergiam garimpeiros e pilotos. Os pilotos tinham um alto padrão de vida, em função da oferta de emprego sempre crescente, principalmente para aqueles que tinham coragem suficiente para enfrentar os perigos da selva amazônica. A recompensa para os bravos desafiadores era uma vida cheia de *glamour*. Foi um período chamado de febre do ouro.

Como todo garoto, Raimundo César nutria a vontade de um dia ser como aqueles jovens pilotos, que tinham uma vida financeira folgada e com perspectivas para bem encaminhar a vida pessoal. Pensava estar no lugar certo. Afinal, Itaituba era sinônimo de abundância. Segundo ele, não foram poucas as vezes em que ia até o pequeno aeroporto assistir a pousos e decolagens por puro prazer. Chegou a fazer amizade com os pilotos, que o levavam em vôos para pistas próximas. Passou a freqüentar oficinas, sempre curioso com a parte mecânica. Por fim, voou em ultra-leve. Foi quando sentiu que tinha nascido para trabalhar com avião. Então, decidiu que um dia construiria o seu.

Raimundo estava no lugar certo, mas no momento errado. No início da década de 90, o comércio do ouro declinou e fez com que os garimpeiros voltassem para as suas cidades de origem, provocando uma forte crise econômica em Itaituba, pouco lembrando os tempos em que a economia do município recebia a injeção do dinheiro que provinha da extração do ouro do vale do Tapajós. A família de Raimundo César teve que procurar outro lugar para morar. Em Itaituba ficava um pouco de seu sonho.

Em 2000, o projeto de Raimundo começou a sair da cabeça e do papel para ganhar contornos realísticos. Impulsionado por um sócio capitalista, o avião está bem formatado. Faltam, entretanto, 50% para concretizar o que, segundo ele, seria o primeiro de um série de aviões que pretende construir. Tem a intenção de, até o final de 2001, estar com o avião totalmente pronto. Para voar.

***

Vindo de longe para fincar raízes

A relação de Santarém com estrangeiros vem de muito tempo. O primeiro contato de que se tem notícia foi feito, em 1542, pelo navegador espanhol Francisco Orellana. Teria sido a primeira tentativa de aproximação entre o branco civilizado com os índios tupaiu. Orellana passou por aqui quase que por acaso, depois de separar-se da expedição de Gonzalo Pizarro, numa aldeia do rio Napo. As tropas de Orellana e os índios entraram em guerra.

A expedição de Orellana tornou-se famosa por ter criado a lenda das amazonas (mulheres guerreiras, que viviam isoladas dos homens, num autêntico sistema matriarcal, com características singulares, visto que as mais novas, as coias, governavam as mais velhas, as icamiabas), no Brasil. O nome do rio Amazonas deve-se à expedição de Orellana.

Mais de 100 anos depois aportou por aqui o padre João Felipe Bettendorf, um luxemburguês que havia se graduado em artes e formado em Direito Civil, na Itália. Chegava à aldeia, depois de passar pelo Maranhão até se estabelecer em Belém, com o objetivo de seguir as orientações do padre Antônio Vieira, o grande dirigente da Companhia de Jesus na Amazônia.

Na aldeia dos tupaiu, padre Bettendorf, no trabalho de catequização, conseguiu acabar com a poligamia, além de desestimular o culto aos mortos, que fazia com que os silvícolas praticassem o endo-canibalismo, ou seja, os índios importantes eram comidos quando morriam, pois a crendice pregava que somente assim os valores elevados eram transferidos às gerações seguintes.

A permanência de Bettendorf na nova terra revestia-se de grande relevância, pois além da missão religiosa tinha também uma conotação política. Santarém, àquela altura, estava se transformando na primeira força econômica da região, com o advento da coleta e comercialização das drogas do sertão, que representou, segundo historiadores, o primeiro ciclo econômico da região. Para aumentar a importância de Bettendorf, Santarém foi fundada por ele em 22 de junho de 1661.

Em 1849, foi a vez de dois ingleses, especialistas em entomologia, botânica e zoologia, conhecerem Santarém. Henry Walter Bates e Alfred Russel Wallace empreenderam uma longa viagem pela Amazônia atrás de novidades para os seus estudos científicos.

Ao estourar, nos Estados Unidos, a Guerra da Secessão, que marcava o confronto de Federalistas do Norte e os Confederados do Sul do país, os santarenos nunca podiam imaginar que iam receber a primeira imigração norte-americana do mundo. A guerra civil durou entre 1860 e 1865, com as duas facções se digladiando em função da abolição da escravatura naquele país. Os Confederados entendiam que sem o braço escravo não teriam como sobreviver. Com a derrota, muitas famílias de sulistas entenderam ser melhor deixar o país. A opção da maioria recaiu sobre o Brasil, onde eles tinham a esperança de encontrar todas as facilidades para tratar com a terra, já que o Sul dos Estados Unidos é tradicionalmente uma região agrícola.

Em 17 de setembro de 1867, chegaram as primeiras famílias de um total de quarenta e oito, que logo se estabeleceram na zona rural da cidade. Dinâmicos, cultivaram plantações, abriram estradas, serrarias, além de engenhos de cana-de-açúcar. R. J. Rhome se notabilizou pelo espírito empreendedor. Construiu o primeiro barco a vapor na Amazônia, o "Taperinha", na Fazenda Taperinha, localizada no rio Ituqui. Os imigrantes fundaram a primeira igreja evangélica Metodista em terras brasileiras. Com o tempo, muitos voltaram para o seu país de origem, mas parte deles mudou-se para Santa Bárbara, no Oeste de São Paulo. Como entraram em conflito com o clero local, fundaram a cidade de Americana. No Brasil, a descendente dos confederados mais famosa é a cantora Rita Lee. Em Santarém, várias famílias ficaram, como os Hennington, Riker, Jennings, Wanghon, Wallace, Pitts etc.

Sem saber deste detalhe da história, outro norte-americano chegou aqui em 1979. Steven Winn Alexander morava no Alasca, quando um amigo recomendou-lhe a Amazônia para realizar uma serviço de saúde pública, através da Fundação Esperança.

Steven, que nasceu em Carlson City, no Estado de Nevada, veio, e somente voltou para vender os seus pertences e trocar de endereço. Atuando na área da saúde pública, passou a trabalhar na "Fundação Esperança" até 1984. Por força do emprego, teve que viajar pelo interior do município montando postos de saúde e atendendo os ribeirinhos. Foi quando conheceu o rico potencial natural da região. Em 1989, empolgado com a beleza da Amazônia, passou a trabalhar com o turismo.

O turismo começou a povoar os seus pensamentos desde o ano de 1981, quando comprou uma área de floresta e passou a preservá-la. Surgia aí o Bosque Santa Lúcia, que hoje é visitado pela maior parte dos turistas que chegam à cidade em navios vindos do exterior. Junto com sua esposa, Áurea Lúcia, usa a área para o turismo ecológico desde 1987. Para o futuro quer transformar a área em jardim botânico (RPPN) e utilizar o bosque, em parceria com o poder público, em programas voltados para a educação ambiental.

Mas o sonho de Steven é lançar o livro "Santarém – Riverboat Town", que resume a sua história na Amazônia e os caminhos que o levaram a se tornar um guia de turismo. Segundo ele, a narrativa revela a visão de um estrangeiro sobre contrastes culturais. Parte do trabalho do livro está incluída em sua home-page: www.amazonriver.com, que tem uma freqüência de visita, em média, de 13 mil pessoas por mês. Não dá para deixar de reconhecer que Steven é um dos maiores divulgadores do município de Santarém.

* * *

Borracha e cacau, ciclos de esplendor e tristeza

A região representada pelo Oeste do Pará vivenciou seis ciclos econômicos. São eles, pela ordem: drogas do sertão (puxuri, salsão-parrilha, baunilha, pimenta, cravo, canela-brasileira, mangarataia, urucum, bálsamo de copaíba, mixira, manteiga de ovos de tartaruga e cacau), cacau, borracha, cacau, juta e ouro.

O ciclo do cacau (usado inicialmente como matéria-prima do chocolate, posteriormente a sua gordura passou a ser usada na farmacopéia e na indústria de cosméticos, principalmente na fabricação de batom) representou muito para a população da região. Com a aceitação na Europa, o cacau tornou-se um produto de grande valor comercial. Ao mesmo tempo na Amazônia, os jesuítas, utilizando as áreas de várzeas da calha do Amazonas, passaram a cultivar vastas plantações. As terras eram altas e férteis, fazendo com que dificilmente fossem submersas durante os períodos de enchentes. A importância do cacau para os jesuítas foi tão grande que o clero da cidade de Óbidos chegou a ter um cultivo de mais de 4.500.000 pés.

A riqueza era tão evidente por essas bandas que logo o Brasil se viu atraído pelo poderio que o cacau representava do ponto de vista econômico. Em 1746, foram levadas mudas de cacau para o Recôncavo Baiano, onde, aproveitando terras férteis, de cultivo permanente, as plantações prosperaram. A diferença entre o cultivo na Amazônia e o do Nordeste, era que aqui a produção tinha como característica a sazonalidade, em função dos períodos de seca e de enchente. No Nordeste, pelas facilidades encontradas, o cacau se transformou no produto mais importante da economia nordestina por muitos anos. A riqueza do cacau criou a figura do Coronel, o senhor das senzalas, que deu origem a grandes romances, como "Gabriela, Cravo e Canela", do escritor Jorge Amado, além de "Coronel Sangrado" e "Cacaulista", do paraense Inglês de Souza.

A borracha se estabeleceu como o terceiro ciclo econômico. Aliás, a borracha era utilizada pelos aborígenes desde a época pré-cabralina. O produto somente ganhou importância na Europa após 1742, quando o francês Charlie Marie d'La Condamine, na condição de botânico, levou a novidade ao meio científico do Velho Mundo. Anos antes, Condamine, que se dedicara ao estudo meticuloso da árvore da seringa, havia levado na bagagem, em viagem à França, boa quantidade da borracha, que acreditava ser de grande utilidade para o aproveitamento industrial, o que terminou por se confirmar após a criação da vulcanização, iniciando o ciclo industrial da goma elástica.

Com a Revolução Industrial, a Europa precisava mecanizar suas indústrias utilizando a eletrificação. A borracha era o único produto capaz de isolar os condutores elétricos. O tal produto só existia na Amazônia. Não é demais dizer que, passado o ano de 1879, a borracha ocupava o espaço de produto mais importante do comércio mundial, sendo comparado ao que hoje representa o petróleo.

A importância da borracha foi crescente em todos os momentos, atingindo o seu ápice em 1910, quando a cidade de Manaus, tida como a "capital da borracha", com 83.000 habitantes, possuía a maior renda "per capita" do planeta, responsável por 42% da renda nacional. Por isso, ganhou o codinome de "Paris da América", pois tudo o que existia em Paris, a capital cultural da humanidade, havia em menor proporção em Manaus.

Enquanto a Amazônia festejava o aquecimento em sua economia, a Inglaterra estudava uma forma de transplantar a semente que tanta riqueza produzia pelo mundo afora. O objetivo dos ingleses era adaptar a seringueira em possessões do Oriente, uma vez que as características de solo e clima prometiam ser favoráveis. De um lado, a euforia; do outro, a elaboração de estratégias. Por aqui, a extração da borracha provocava um movimento que lembrava a descoberta das Américas pelos europeus, mais de 200 anos antes. Era como se o Brasil estivesse sido redescoberto. Enquanto isso, entra em cena um tal Henry Wickman.

Como quem não quer nada, Wickman, que era graduado em botânica, chega a Santarém entre 1869 e 1870. Estabeleceu-se entre os norte-americanos (os Confederados), que moravam em propriedades rurais. Portanto, preferiu morar distantes dos olhos curiosos. O fato interessante é que Wickman, que na verdade era um aventureiro sedento por dinheiro e prestígio, já havia passado antes por Santarém, quando teve a oportunidade de estudar o terreno e ficar sabendo da existência dos outros gringos, que falavam a sua língua. A partir daí passou a fazer um minucioso trabalho de espionagem, digno de um filme de suspense. Usou de dissimulação para esconder suas reais intenções, ao mesmo tempo em que aparentava estar inteiramente adaptado à vida na Amazônia, num lugar que ele dava a entender ser ideal para viver um homem maduro. Wickman trouxe dois filhos casados, que moravam com ele.

Sorrateiramente, Wickman, contando com muito dinheiro, conseguiu sementes que plantou em viveiros. Passou a estudar a planta com bastante cuidado, já que um passo importante estava por ser dado. Em 1872, embarcou, camufladamente, diversos sacos de sementes em um navio de bandeira inglesa, chamado ironicamente de "Amazônia", que fez escala em Santarém. O que ninguém sabia era que a carga principal tratava-se das sementes mais cobiçadas naqueles tempos, e que somente eram encontradas mais abundantemente no Brasil e no Peru. A parada do navio em Santarém tinha uma única missão: levar a carga preciosa. A operação foi tão bem realizada e sigilosa, que o próprio Wickman desapareceu após a passagem do navio. Voltou a dar o ar de sua graça na Inglaterra, já na condição de herói, em razão dos bons serviços prestados à Coroa Inglesa.

Após o sucesso da empreitada, a borracha já não era mais um privilégio da Amazônia, mas também da Índia, de Singapura, da Malásia etc. A operação bem sucedida precipitava o início de uma época muito difícil para a economia da Amazônia, e mesmo para o Nordeste, já que 98% da mão-de-obra empregada nos seringais provinham daquela região do Brasil. No caso específico de Santarém, o comércio local, segundo historiadores, nadou em miséria. Os países europeus desviaram o foco para a comercialização do produto. O Brasil descia alguns degraus na corrida pelo desenvolvimento. Ficava mais atraente para os países industrializados negociar com países mais próximos do ponto de vista geográfico, com o transporte mais em conta e, logicamente, os preços mais acessíveis. Por aqui, acabou a ilusão com um mundo cheio de *glamour*. Ficaram os sinais, através da arquitetura, de que um dia a nobreza circulou pelas ruas das principais cidades da região, como Belém e Manaus. A história ficou enriquecida, enquanto que a população da Amazônia, empobrecida, se envolveu numa crise econômica sem precedentes.

* * *

Em Santarém, com amor

Conta a história que o primeiro caso de amor nascido na aldeia dos índios tupaiu envolveu o padre leigo Sebastião Teixeira e a índia Potira. Por volta de 1661, o padre João Felipe Bettendorf deveria estabelecer uma missão religiosa por aqui. Sebastião Teixeira foi o indicado para acompanhá-lo por conhecer bem a língua nhengatu.

Acontece que, contrariado por ter de morar entre índios (lobos), Teixeira se recusou a ajudar o seu superior. Não contribuía com os trabalhos diários, não falava, e, em muitos momentos, fingia indisposição. Nada o agradava. Seus olhos não viam nada de interessante na aldeia.

Um dia, em meio ao isolamento em que estava envolvido, sentiu-se atraído por uma indiazinha, que no auge de seus 15 anos, tomava banho nua na praia. Ficou extasiado pela beleza da jovem. A partir de então, todos os dias lá estava Teixeira a esperar pela cena que lhe marcaria profundamente. O interesse por Potira foi imediato. Naquele momento, a aldeia já interessava ao quase padre. Teixeira e Potira passaram a se ver com freqüência, até que um namoro teve início. Um dia foram flagrados por Bettendorf, que tomou a drástica decisão de mandá-lo de volta para Belém.

Em função de problemas envolvendo os jesuítas e simpatizantes da escravização dos silvícolas e parte do povo, os missionários terminaram por ser expulsos para Portugal. Entre os deportados, estava Sebastião Teixeira. Em 1663, obedecendo aos ditames da política portuguesa, os jesuítas e seus aliados foram autorizados a voltar ao Brasil. Teixeira, em 1664, estava de volta à aldeia dos tupaiu.

Ao chegar, desligou-se da Companhia de Jesus, e logo casou com a sua índia querida. Estabeleceu-se na aldeia. Tudo ia bem até a morte da tia de Potira, Maria Moaçara, que era tida como a grande líder feminina da aldeia. Teixeira pleiteou junto aos índios que a sobrinha de Moaçara ocupasse o lugar da tia. Foi quando caíram em desgraça junto ao restante da tribo. Foram expulsos para o rio Arapiuns ou Alter do Chão. Como tiveram vários problemas com os índios, que adoravam se exceder na bebida, fomentaram a antipatia geral. Terminaram morrendo envenenados.

Sebastião Teixeira chegou sem querer, mas acabou ficando por ter encontrado o seu amor. De outra forma, outros santarenos ficaram por aqui por gosto pela cidade e pelas artes. Alguns filhos adotados se identificaram com a nova terra, que fizeram dela a sua razão de viver.

Este é o caso da artesã Raimunda Rodrigues Frazão, oriunda de Capanema, no Pará. O seu trabalho voltado para coisas da Amazônia é destaque nos quatro cantos do mundo. Hoje em dia não há navio, com bandeira estrangeira, que não descarregue os seus turistas no "Museu Dica Frazão", que se transformou em parada obrigatória para os visitantes sedentos por novidades. E não dá para ignorar a fama de Dona Dica. Ela já confeccionou peças para figuras ilustres do cenário internacional, entre eles reis e rainhas. A Europa consome produtos saídos da inventividade da senhora de 80 anos, que dribla o cansaço para se dedicar à atividade. São disputados os leques de penas e ventarolas de patchuli, que costumam arrancar elogios pelo excelente acabamento, uma vez que tudo é confeccionado de forma artesanal. Contando com algumas ajudantes, ela dá vazão ao seu espírito criativo. Parte da matéria-prima de seu trabalho sai do quintal de sua casa, pois lá cria, em viveiros, patos, paturis, perus, para que as penas depois sejam devidamente tratadas ganhando as cores que comporão as peças novas. Roupas, chapéus, toalhas, redes, entre outros, são produzidos como que por mágica pelas mãos acostumadas a pegar em fibras silvestres (palmeiras, capins, juncos, sementes campestres e vegetais). A natureza é a fonte inspiradora de Dona Dica.

Outro que fincou raízes foi João Batista Fona, nascido em 1901, que estava marcado para deixar o seu nome na história do município. Mais do que o nome, deixou milhares de cuias pintadas para o deleite dos amantes da cultura popular. Sempre uma paisagem amazônica para dar um toque especial à sua obra. Na primeira metade do século passado, não havia um visitante na cidade que não procurasse as tais cuias do senhor João Fona. A sua influência foi tão forte que as futuras gerações de sua família se encarregaram de continuar com a missão. Os seus trabalhos marcaram época. Nunca chegou a desconfiar que, em nossos dias, o principal museu da cidade levaria o seu nome. Um justo prêmio para alguém que tanto amor devotou à sua cidade. Morreu em 1964,e até hoje o seu prestígio continua em alta entre os santarenos.

Santarém tem ainda Laurimar, que é desses artistas que enchem os olhos. Um dia, Laurimar dos Santos Leal chegou a morar no Rio de Janeiro. Empurrado pela sua juventude, quis respirar outros ares, experimentar novas situações. Encontrou todos os motivos para ficar longe, mas preferiu voltar. Próximo de completar 62 anos, se diz realizado por fazer o que gosta e morar na cidade que ama com muito fervor. Laurimar é artista plástico (artesão, escultor e pintor). Suas telas a óleo já chegaram a outras terras, como no museu franciscano da cidade de Assis, na Itália. Pelo fato de ser um estudioso, as sua telas estão sempre cercadas de curiosidades ligadas a temas locais.

A Europa já pôde apreciar os seus trabalhos. A França foi a primeira, em 1995, a se encantar com uma exposição que fez em Paris, aproveitando um intercâmbio cultural. Os quadros que pintou por lá foram classificados de estilo surrealista amazônico. Em 2000, foi a vez de Portugal descobrir o que Santarém tem para mostrar. A Santarém de lá viu, através de sua obra, um pouco da pintura da Santarém de cá.

Quem expressa também o seu amor através das mãos é o pintor Elias do Rosário, que nunca pensou em deixar Santarém. Os seus quadros revelam o excelente paisagista que é. Desde muito cedo escolheu como tema evidenciar a Santarém de outras épocas. A sua importância se dá justamente pelo fato de fazer com que as novas gerações não percam o contato com a cidade em outros momentos do passado.

A exposição de sua obra se revela em paisagens que destacam o bucolismo da cidade pequena, na vida aparentemente mansa de seus moradores, nos personagens que compõem a vida de um lugar, e mesmo na exuberância do apelo cênico de Santarém. Tudo o que Elias do Rosário produziu foi sempre muito disputado, tanto que poucos quadros estão hoje no município. Muitos foram para cidades distantes, guardados, provavelmente, por colecionadores nascidos na terra tapajônica, que, igualmente, sentem o mesmo amor do autor da obra.

Muitos chegaram aqui por obra do acaso, e ficaram. Muitos foram embora por necessidade. Os que permaneceram, passaram a amar esta terra. Mas os que amam dedicam-se a prestigiá-la. Difícil mesmo é ignorá-la. A cidade, por certo, produz algo para que a passagem de quem quer que seja fique marcada. E não adianta fechar a boca, como fez o quase padre Sebastião Teixeira, em meados do século XVII. Alguma coisa vai contribuir para que logo, logo surja o amor na relação com a cidade. No caso dele, a índia Potira contribuiu. Quem sabe a lenda que diz que quem toma banho nas águas do rio Tapajós acaba ficando por aqui, teria nascido depois do caso de amor deles?...

* * * * *

Capítulo 11

Conheça mais o Oeste

Alenquer, um roteiro ditado pela aventura

Na última década, Alenquer viu os seus maiores atrativos ganharem as páginas de jornais e revistas. A cidade é dona de uma beleza natural, que tem encantado os mais exigentes visitantes. Eles podem ainda não conhecer o município, mas já ouviram falar da cachoeira "Vale do Paraíso" e da "Cidade dos Deuses". Alenquer revela aos poucos o que a natureza manteve escondida por muitos anos.

Alcançar Alenquer não parece complicado, uma vez estando em Santarém. De barco ou avião, é só uma questão de escolha, com a alternativa de se preferir o uso de um automóvel traçado. Aí, sim, a viagem pode ficar para lá de estimulante, uma vez que os grandes apelos turísticos estão afastados do centro urbano. É preciso um reforço especial para chegar até a cachoeira "Vale do Paraíso" e à "Cidade dos Deuses", que são propriedades particulares. É necessária boa dose de espírito de aventura. Aliás, a aventura é a senha para quem opta por Alenquer.

A "Cidade dos Deuses" é tida como um lugar místico, pois o ambiente é envolto por uma atmosfera inteiramente diferente. Encravada na selva amazônica, guarda os mistérios dos paraísos tidos como escondidos. A propriedade pertence a um médico, que divide o seu tempo com a tarefa de preservar a área de 140 hectares, que apresenta formações em arenito, lapidadas pela erosão eólica pluvial. A "Cidade dos Deuses" foi descoberta em 1950 pelo pesquisador inglês Michael Douglas Blair. Ao comprá-la, há alguns anos, o médico livrou-a de virar pasto, pois os antigos donos desconheciam o seu valor histórico. A intenção agora é transformar o lugar em complexo turístico. A ocorrência de inscrições rupestres e as linhas de erosão nas pedras, em sentido horizontal, são o que mais chamam a atenção. Segundo estudos realizados com carbono 14, as inscrições foram feitas há 12.000 anos. Centenas de formações desafiam a gravidade com bases menores que as da parte superior, como se fosse uma taça de sorvete. Para completar o clima de encantamento, são encontradas no local orquídeas, que desabrocham uma vez por ano.

Se o turista não estiver satisfeito, é só dar uma esticada até a cachoeira "Vale do Paraíso" (que, na verdade, fica no município de Monte Alegre), pois do centro da cidade até lá, de carro, são 90 minutos. Na cachoeira principal, uma pequena infra-estrutura está montada em um dos pedaços mais bonitos do Oeste do Pará. Mais duas quedas d'água podem ser alcançadas com a ajuda de guias, que estão sempre à disposição no local. A vontade que se tem é de nunca mais voltar para casa.

Em Alenquer, dizem, haver uma cachoeira mais incrível do que a "Vale do Paraíso". É a tal "Chuva de Prata", que poucos tiveram o prazer de explorar. Ela tem 70 metros de altura, estando localizada em um vale rodeado de *canyons*, que chegam a 200 metros, revelando uma paisagem bem diferente de tudo o que se encontra na região. Para se chegar ao lugar, os aventureiros admitem, a barra é pesada. Da cidade até um certo ponto de uma estrada são necessárias duas horas. Mais 3 horas (5 quilômetros) de caminhada completam a maratona, que pode durar dois dias de exploração. O prêmio para quem chega ao final é um cenário absolutamente único, revelando o furor das águas batendo nas pedras, árvores gigantescas, orquídeas e bromélias espalhadas pela vegetação, lagos que parecem brotar misteriosamente e uma piscina natural que se forma ao pé da grande cachoeira.

De repente, fazer muito esforço não é o objetivo do turista. Tudo bem. Então, a escolha do roteiro pode recair sobre a comunidade de Pacoval, onde vivem negros descendentes daqueles que fugiam da escravidão. Pela localização geográfica, fica claro que o lugar escolhido era estratégico, pois facilita a visão total da área, permitindo a identificação de quem se aproxima. Em Pacoval, preservou-se a expressão folclórica que representa as crenças, evidenciando o sincretismo religioso, adaptando as divindades cultuadas na África aos santos cristãos, que é o "marambiré". Até chegar ao quilombo, é preciso atravessar uma faixa de cerrado nativo. Vale tudo para conhecer algumas práticas, que continuam incorporadas ao cotidiano, como o curandeirismo.

Alenquer, que tem 41.805 habitantes (Censo 2.000), um dia foi a aldeia de Surubiú. O nome atual foi dado pelo Capitão General do Grão Pará, Francisco Xavier de Mendonça Furtado, na famosa viagem em que, ao subir o rio Amazonas, deu nomes portugueses às antigas missões religiosas, que, entre os índios (locais) abares, eram comandadas pelos Capuchos da Piedade.

Para se sentir integrado à cidade, é necessário o visitante saber da existência do "Zé Matuto" e "Matutando". Na verdade, são os nomes dos dois grupos que disputam a preferência da torcida durante a realização do Festival Folclórico Alenquerense, que acontece no mês de agosto. São duas torcidas apaixonadamente organizadas. O festival é uma das mais expressivas manifestações folclóricas do Pará. As tradições amazônicas são exibidas, numa atmosfera enriquecida pelo folclore indígena, a influência negra enfatizando os mitos, as lendas e todo o repertório cultural da região Oeste do Estado.

Fique à vontade para chamar o nativo de Alenquer de ximango, que tem enorme orgulho de sua terra. O ritmo da cidade é tranqüilo, como na maioria das cidades da Amazônia. A arte de bem receber é típica do povo local, que está sempre disposto a abrir os braços em nome do município.

Saiba mais:

Como chegar

A partir de	Meio de transporte	Tempo
Santarém	Fluvial (barco-gaiola)	4:30 h
Santarém	Fluvial (lancha de passag.)	2 h
Santarém	Aéreo (Tail)	15'
Manaus	Fluvial (barco-gaiola)	50 h

Hotéis e pousadas

Existem 7 empreendimentos hoteleiros com acomodações simples, sem classificação de estrelas.

* * *

Oriximiná, para quem gosta de natureza

Optar por alguns dias de contato com a natureza equivale a agendar Oriximiná como alternativa. A cidade, fundada em 24 de dezembro de 1877, é daquelas que cativam pelas oportunidades que dá ao turista no momento de escolher o que fazer. É dona de uma quantidade interessante de atrativos ecoturísticos, com destaque para as áreas de conservação, rica biodiversidade e um fantástico potencial para a pesca esportiva.

O município tem uma população de 48.308 habitantes (Censo 2.000), estando localizado na margem esquerda do rio Trombetas, afluente do rio Amazonas. Tem uma área de 109.122 km2. Oriximiná, que um dia já foi uma povoação denominada Uruá-Tapera, é um convite à aventura. Em suas terras estão localizadas a Floresta Nacional (Flona) Saracá-Taquera, com 429.600 hectares (abrangendo também os municípios de Faro e Terra Santa), a Reserva Biológica do Trombetas, com 385.000 hectares, a "Cachoeira Porteira", além dos lagos dos rios Trombetas, Cuminá e Erepecuru.

Escolher um roteiro não é problema, pois a oferta é grande. Na Flona Saracá-Taquera, o turista tem ao seu alcance opções para a prática de canoagem, pesca esportiva, trilhas para caminhadas, com a oportunidade de conhecer comunidades remanescentes de quilombos, que evidenciam todo o aspecto cultural do povo local. Só que para chegar até a Flona, que fica próxima do complexo urbano de Porto Trombetas, é necessária a autorização do Ibama, que, através de convênio celebrado com a Mineração Rio do Norte, deverá desenvolver na área atividades relativas a cadastramento, segurança, manejo florestal, inventário, demarcação e remanejamento de pessoas.

Ao chegar a Oriximiná, se houver tempo disponível, não custa nada conhecer Porto Trombetas, a vila dos funcionários da Mineração Rio do Norte, que se sobressai pela estrutura bem organizada no centro da selva amazônica. A Mineração Rio do Norte explora uma gigantesca mina de bauxita, ajudando o Brasil a ser um dos maiores produtores mundiais.

De repente, se o espírito aventureiro permitir, faz sentido ir até a Cachoeira Porteira. Chegando lá, é o mesmo que ter marcado encontro com igarapés, trilhas, um cenário deslumbrante e acesso à floresta, para que as descobertas sejam dignas de uma excursão por um pedaço encantado da Amazônia. Com um pouco de sorte dá até para ver de perto os índios Wai-Wai, que vez por outra visitam o lugar, que possui inclusive uma estrutura de alojamento, administrada pela Prefeitura de Oriximiná.

Se a visita tiver um cunho científico, dá para acompanhar o pessoal do Ibama em estudo, na Reserva Biológica do Trombetas, onde ficam os tabuleiros de desova de tartarugas, destinados ao desenvolvimento de pesquisas sobre quelônios na Amazônia.

Outro roteiro que requer disposição e muito preparo físico é conhecer a Cachoeira do Chuvisco. É aventura para ninguém botar defeito. De Oriximiná, de lancha, demora-se cerca de duas horas desfilando pelos lagos dos rios Cuminá e Erepecuru, até chegar à Cachoeira da Pancada. Lá, existe uma comunidade remanescente de quilombos. Sem pressa, dá para conversar com as pessoas e conhecer o estilo simples de viver daqueles que pouco contato têm com a cidade. Na seqüência, é pé na estrada. Ou melhor, na trilha. No caminho, dá para ouvir relatos dos nativos, que falam sobre a riqueza que a castanha-do-pará produziu no município. Existem muitas plantações de castanhas espalhadas na mata. Entre uma conversa e outra, é um sobe e desce de ladeira, ter de atravessar igarapés, pisar em lama, dependendo da época do ano. O esforço é compensado ao chegar à tal Cachoeira do Chuvisco, que tem um visual inesquecível. É programação para um dia inteiro.

Para quem gosta mais de cidade, o melhor é ficar de olho no calendário. No primeiro domingo de agosto, a cidade se envolve no Círio Fluvial de Santo Antônio, realizado à noite, que se transformou num dos eventos mais apreciados de Oriximiná, principalmente pelos adeptos da Igreja Católica. O colorido promovido nas águas pela embarcações, cria um clima de devoção entre os populares. Gente de várias comunidades ribeirinhas se confraterniza, enquanto os barcos desfilam pelas águas do Trombetas.

Outro período recomendável é durante o Carnaval, que costuma atrair foliões de toda a região Oeste do Pará. Nesse momento, Oriximiná tenta dividir as atenções com a cidade vizinha de Óbidos, que tem uma quadra momesca bastante freqüentada. Oriximiná, através da Secretaria de Cultura, Turismo e Desporto, entende que a incrementação dos eventos pode produzir dividendos para a cidade num futuro bem próximo.

Visitar Oriximiná não exige tanto esforço, para quem quer apenas sombra e água fresca. A água não chega a ser tão fria assim, pois o Sol amazônico não costuma dar trégua. No máximo, é escolher uma praia para se desligar de tudo o que lembre a cidade grande. Iripixi, Caipuru e a Ponta do Violão são as mais famosas. Conhecê-las é ter a certeza de que se esteve num lugar para lá de distante, mas que vai deixar marcas para sempre na memória. Se a freqüência de pessoas for pequena, durante a sua visita, não esqueça de levar uma rede. Atá-la debaixo de uma árvore e dar um cochilo é missão digna dos grandes aventureiros. Com a certeza de que pouca gente vai estar vendo a sua sonolência.

SAIBA MAIS

Hotéis

Os dois hotéis de boa qualidade estão em Porto Trombetas, e são de propriedade da Mineração Rio do Norte, que atende prioritariamente as suas necessidades.

Pousadas

Existem três em Oriximiná, com instalações razoáveis, com 20 leitos. Aos finais de semana e nos períodos de férias escolares, a ocupação é de 100%, enquanto que em outros períodos 60%.

Restaurantes

Em Oriximiná, dois são compatíveis com o turismo. Em Porto Trombetas, os restaurantes dos hotéis são considerados bons.

Acesso a partir de Santarém

Tipo de transporte	Tempo de percurso	Equip. utilizado
Fluvial	8 h	b/m c/ cap. 200 pass.
Aéreo	50"	Penta (Carajás) Tail (Bandeirantes)

* * *

Pindobal e Aramanaí

Ao chegar a Pindobal a impressão que se tem é a de ter encontrado um pedaço do paraíso. A pequena comunidade onde moram aproximadamente 100 pessoas parece ter sido esquecida pelo progresso. Um dos poucos sinais de evolução é a antena parabólica, que sintoniza o lugarejo com o mundo. Mas o charme está justamente no fato de tudo ser bem primitivo. As casas muito simples dão a idéia exata da origem humilde do povo, que está habituado ao contato direto com a natureza. A vida não exige pressa, até porque o rio fornece o alimento para as famílias. A caça é outra alternativa de subsistência. E como em todo povoado ao longo do rio o cultivo da terra não é a atividade principal. A comunidade aposta no potencial turístico da pequena vila para ter uma atividade econômica viabilizada.

Pindobal é uma tranqüilidade, ainda muito pouco freqüentada. Além da beleza natural, o lugar guarda algumas curiosidades. A primeira é que, apesar de qualquer inverno rigoroso, sempre existe areia e um pouquinho de praia. A outra é que até à outra margem se verifica o ponto mais largo do rio Tapajós. Entre um ponto e outro são 19 quilômetros.

Na década de 40, em Pindobal ficava o porto da Companhia Ford Industrial do Brasil. Os restos da época áurea estão soltos na areia, sendo enterrados pela ação do tempo. Pindobal faz parte da história, pois serviu de porta de entrada para o progresso da Amazônia por um determinado tempo.

Um ponto vistoso de Belterra é Aramanaí. Na verdade, o lugar já não é tão exótico assim, embora seja a praia mais conhecida do município. Além do acesso facilitado por estrada, já existe uma certa infra-estrutura, que permite receber um maior número de pessoas.

Os finais de semana passaram a ser muito concorridos. Sem dúvida, é um dos lugares emergentes do rio Tapajós. Para quem procura aventura, motivos não faltam para circular pelas areias brancas ou mesmo para dourar a pele sob o sol escaldante do meio-dia. Dependendo da preferência, um banho de igarapé pode ser uma alternativa interessante. O Aramanaí, pelo grande fluxo de pessoas, está deixando de ser um paraíso selvagem. Mas não deixa de ser belo.

Com um pouco de paciência, pode-se passar por Belterra, a sede do município, que reúne traços da influência norte-americana do período em que a Companhia Ford Industrial do Brasil explorou o cultivo da seringa na região amazônica. A organização da pequena vila proporciona ao turista um verdadeiro passeio ao passado. Parte da viagem até Belterra dá-se em estrada asfaltada (BR-163).

Trinta minutos depois, em estrada de chão batido, Aramanaí é um convite ao deleite. Uma pequena vila recebe a todos com o charme de um recanto escondido da selva. De preferência, um dia é o suficiente para uma recarga nas baterias.

* * * * *

Bibliografia

1. *Inventário da Oferta e da Infra-Estrutura Turística 2.000/2.001.* Agência de Desenvolvimento do Turismo de Santarém (SANTUR), Prefeitura Municipal de Santarém, Pará.

2. FERREIRA, Anete Costa. *A expedição de Pedro Teixeira - A sua importância para Portugal e o futuro da Amazônia.* Lisboa, Editora Ésquilo, 1ª ed., 2000.

3. FONSECA, Wilde Dias da. *Santarém: Momentos Históricos.* Santarém, Editora Tiagão, 4ª ed., 1996.

4. SANTIAGO, Socorro. ***Çairé*** - *Uma Festa na Amazônia.* Santarém, Editora Multi Graph, 1ª ed., 1999.

5. SANTOS, Paulo Rodrigues dos. *Tupaiulândia.* Santarém, Editora Tiagão, 3ª ed., 1999.

Impressão e Acabamento
Bartira
Gráfica
(011) 4123-0255